QUE SAIS-JE ?

La fracture sociale

XAVIER EMMANUELLI
Docteur en médecine

CLÉMENTINE FRÉMONTIER
Diplômée de sciences politiques

6e mille

ISBN 2 13 052069 3

Dépôt légal – 1re édition : 2002
Réimpression de la 1re édition : 2004, janvier

Introduction

LA FRACTURE SOCIALE, UN TERME POLITIQUE

Le terme de « fracture sociale » est apparu sur la scène politique et médiatique lors de la campagne pour l'élection présidentielle de 1995, en devenant le slogan du candidat Jacques Chirac. Ce candidat avait fait sienne une note du sociologue Emmanuel Todd, qui n'était d'ailleurs pas impliqué dans la campagne et qui analysait le malaise politique français constaté depuis 1981. Il évoquait à ce propos le « désarroi populaire ». Il soulignait aussi qu'une large part de la confusion actuelle venait de ce que les élites politiques et journalistiques adhéraient à une vision fausse de la structure sociale, qui empêchait la représentation politique des conflits d'intérêts et de classes traversant la « société française »[1].

Dans son livre-programme, *La France pour tous,* le candidat Jacques Chirac reprenait cette analyse en ces termes : « La France souffre d'un mal plus profond que ne l'imaginent les acteurs politiques, les responsables économiques, les intellectuels en vogue et les célébrités du système médiatique. Le peuple a perdu

1. Emmanuel Todd, *Aux origines du malaise politique français. Les classes sociales et leur représentation,* Note de la Fondation Saint-Simon, 1994.

confiance. Son désarroi l'incite à la résignation ; il risque de l'inciter à la colère. Tous les indicateurs en révèlent des symptômes, mais aucune thérapie n'est prescrite parce que trop de responsables raisonnent sur des chiffres, pas sur des hommes. Or les chiffres en eux-mêmes n'expriment pas la gravité de la fracture sociale qui menace – je pèse mes mots – l'unité nationale. » Il en faisait un enjeu au-delà des clivages politiques : « au-delà de la nécessité de porter secours à ceux qui sont dans le besoin, il y a celle de restaurer la cohésion du pays. Je ne sais pas si cet objectif est de droite ou de gauche. En tout cas, c'est le mien. »[1] D'ailleurs, suite à l'engouement des médias, le candidat Jospin, dont le thème de campagne était « la France unie », décida de changer de slogan et d'évoquer plutôt « une France plus juste »[2], afin de répondre au terme de « fracture sociale ».

Par conséquent, dès son apparition, le vocable « fracture sociale » est connoté politiquement, et veut incarner un programme politique porté par un candidat.

Or, comment l'analyser au-delà du slogan politique ?

Cette analyse et l'emploi de ce nouveau concept découlent directement du thème de l'exclusion qui a marqué la campagne, mais également l'avant-campagne. On ne peut comprendre le terme de « fracture sociale », défini comme ligne de partage entre deux « mondes » socio-économiques, que si l'on ap-

1. Entretien accordé au *Nouvel Observateur,* 12-18 janvier 1995.

2. *Le Monde,* 23 mars 1995, relatant le meeting de Rennes du 21 mars 1995.

précie les contours de ces mondes. Il est difficile de décrire le « monde inclus » qui semble aller de soi, mais on s'attachera à entrevoir le « monde des exclus » pour appréhender ce qui les différencie.

En janvier 1995, Mme Geneviève Anthonioz de Gaulle, présidente d'ATD-Quart Monde, remet un rapport au Conseil économique et social sur l'évaluation des politiques publiques de lutte contre la pauvreté. Ce rapport souligne deux points essentiels : la nécessité de « construire une politique continue et cohérente de lutte contre la pauvreté et l'exclusion », et le nécessaire « partenariat avec les populations les plus défavorisées ». Le rapport constate, en outre, que « ceux qui élaborent les politiques générales n'ont pas toujours une connaissance suffisante des réalités vécues par les personnes en situation de grande pauvreté. Ces politiques se révèlent, de ce fait, souvent inadaptées ou insuffisantes ». Le Conseil économique et social préconise alors l'élaboration d'une loi d'orientation « ayant comme objectif de conjuguer les efforts des pouvoirs publics et de la société civile »[1].

Il existe donc une synchronicité entre la demande d'ATD-Quart Monde et les réponses des candidats puis celle, plus spécifique, du nouveau président de la République.

Après l'élection présidentielle et la formation du gouvernement de M. Juppé, une mission a été confiée au ministre des Affaires sociales, M. Barrot, pour élaborer le texte d'un projet de loi dont l'objectif était de

1. Rapport du Conseil économique et social, *JO* (3), 27 juillet 1995.

réduire la fracture sociale. Le secrétariat d'État à l'Action humanitaire d'urgence, qui dépendait directement du Premier ministre, le secrétariat d'État à la Ville et le secrétariat d'État à la Santé étaient associés à ce projet. La volonté était ainsi marquée d'en faire une priorité gouvernementale.

La loi pour la cohésion sociale ne verra pas le jour mais elle sera remplacée, dans le gouvernement suivant, sous la coordination de Mme Martine Aubry, par un projet analogue[1].

La perspective n'était pas tout à fait identique et le terme de « loi contre les exclusions », qui recouvrait plutôt des enjeux économiques de lutte contre le chômage et d'assistance, fut préféré à celui de « cohésion sociale ».

1. Loi d'orientation du 29 juillet 1998 relative à la lutte contre les exclusions.

Chapitre I

L'EXCLUSION ET LES DIFFICULTÉS DE DÉCODAGE

Le terme de « fracture sociale » se veut une description de la société contemporaine qui met en perspective la souffrance sociale ressentie, mais sans apporter de définition claire. C'est, en somme, une synthèse de toutes les problématiques qui peuvent se poser avec la disparition, par glissements insidieux et successifs, des lectures traditionnelles de la société.

Cet enjeu de notre société, qui vise à décrire la souffrance sociale, utilise pour ce faire des terminologies diverses. De cette difficulté de nommer découle aussi une difficulté de compréhension et de proposition.

I. – La difficulté de nommer

On se trouve devant un problème grammatical et sémantique. Chacun comprend, à sa façon, la fracture sociale et la perception de l'exclusion. Mais la terminologie est trop floue pour que les personnes concernées puissent s'y reconnaître totalement. Existe-t-il réellement une fracture sociale ou s'agit-il, à l'inverse, d'un aplanissement des schémas traditionnels de compréhension qui étaient assez puissants pour expliquer un monde sociologique stable, mais qui se sont trouvés peu à peu mis en échec par la crise et l'évolution des comportements sociaux ? S'agit-il d'une fracture ou d'une disparition de lignes traditionnelles ? À défaut de trouver un concept de remplacement pour décrire la société postindustrielle, on a proposé ce terme un peu abrupt : la « fracture ». Il est difficile, pourtant, de nommer l'objet qu'elle prétend désigner.

Si l'on s'en tient à la terminologie, une ligne de fracture entre les « in », les inclus, et les « out », les exclus, est employée par analogie avec la terminologie médicale de la fracture ; cette dernière ne serait pas une fracture simple mais plutôt un éclatement en plusieurs fragments.

En médecine, la fracture évoque une « solution de continuité », c'est-à-dire une disparition de continuité.

La fracture sociale serait alors une fracture « comminutive » qui éclate en plusieurs fragments.

Par analogie, la fracture sociale représenterait donc la disparition d'un consensus social et un éclatement de ce consensus en plusieurs groupes de société relativement isolés face aux groupes socialisés.

D'ailleurs, la loi de cohésion avait pour objet implicite de faire se « ressouder », dans un tissu conjonctif, ces fragments disparates.

La fracture signifierait la disparition du métaprojet fédérateur de la société.

Différents termes ont été employés avec plus ou moins de bonheur, avant l'apparition du slogan « fracture sociale », pour décrire les phénomènes qui correspondent à la souffrance sociale. Les plus communément admis (ce ne sont pas forcément ceux que nous utiliserons) se posent en termes socio-économiques simples : il y a les pauvres, et les autres.

Pour trouver un fil d'Ariane dans la description de

la souffrance sociale, quatre termes sont souvent synonymes et employés indifféremment. Ils se présentent comme les révélateurs de cette « fracture sociale » : l'exclusion, le Quart Monde, la grande pauvreté, la marginalité

1. L'exclusion.

Définition et évolution. – Historiquement issu de la définition utilisée pour la première fois par René Lenoir en 1974[1], le terme « exclu » a été inventé pour décrire une situation sociale qui touchait trois catégories de population.

D'abord, il concernait les personnes âgées qui disposaient d'un minimum vieillesse dérisoire, vivaient dans des conditions difficiles et dans des logements indignes.

Ensuite, les personnes handicapées pour lesquelles on manquait d'établissements et qui relevaient d'un régime d'aide sociale et non de la Sécurité sociale, qui n'avaient pas d'allocations spécifiques, pas d'accessibilité au logement, etc.

Enfin, tous ceux qui relevaient du vaste domaine de l'inadaptation sociale : les marginaux, les jeunes de l'aide sociale à l'enfance, les personnes isolées dans la ville, celles qui occupaient des logements insalubres, les travailleurs précaires, les groupes vulnérables.

En somme, l'exclusion représentait l'ensemble des personnes qui n'étaient pas cadrées par l'emploi et les échanges sociaux. Mais cette définition n'est qu'une référence historique car les catégories d'exclusion ont

1. René Lenoir, *Les exclus, un Français sur dix,* Le Seuil, 1974.

considérablement évolué depuis lors. Sous l'impulsion des politiques publiques[1], les deux premières catégories ont pratiquement disparu, même s'il peut encore exister des cas particuliers de cette exclusion. Et, de nos jours, lorsqu'on évoque l' « exclusion », on fait plutôt référence à la dernière catégorie de personnes, catégorie d'exclusion qui n'a cessé de croître jusqu'à aujourd'hui. À ce propos, il est à souligner que René Lenoir a été l'un des acteurs majeurs de la réforme sociale, en particulier de l'API en 1976 et de l'allocation adulte handicapée en 1975.

En 1980-1981, la moitié des personnes « exclues » ou « défavorisées » étaient des retraités. Ceux-ci ne représentaient plus qu'un tiers des personnes « défavorisées » au milieu des années 1990, et la situation des couples retraités s'est considérablement améliorée au cours de cette période. Le même phénomène s'est produit pour les adultes handicapés. Mais, durant toutes ces années, la part représentée par la dernière catégorie a doublé[2]. On ne peut donc s'appuyer sur la définition « historique » pour aborder l'exclusion. Par évolutions successives de la définition, ce terme d' « exclusion » englobe désormais toutes les situations imprécises rencontrées par des catégories différentes de personnes en difficulté.

De manière générale, il ressort de cette approche et de l'usage actuel de ce terme socio-économique complexe que l'exclusion implique des relations avec

1. Création du minimum vieillesse pour les retraités et pour les personnes handicapées, création de l'AAH et d'établissements spécialisés.

2. CREDOC, *Les inégalités en France : évolution 1980-1994*, Cahier de recherche, janvier 1996.

un environnement appauvri. Il désigne des personnes victimes d'isolement social, affectif et économique.

En somme, l'exclusion rend compte d'une sorte de *no man's land* d'échanges de tous ordres.

Il est aujourd'hui admis que l'exclusion ne décrit pas un état de fait, mais plutôt un processus dont les causes sont multifactorielles, donc difficiles à saisir.

L'exclusion comme un processus. – Le processus étudié par Serge Paugam[1] est à cet égard significatif. Même s'il n'emploie pas le terme d'« exclusion », mais plutôt celui de « disqualification sociale », son analyse démontre parfaitement les phases généralement observées, à l'intérieur de ce processus qui concerne le chômage.

La première phase décrite est celle de la fragilité. La perte d'emploi entraîne une perte de sociabilité. De la part de l'individu au chômage, il y a donc un repli sur la sphère domestique, avec des phases de découragement et de résignation.

Cette fragilité peut aussi affecter les relations familiales et entraîner un plus grand isolement, voire une séparation, un retrait du monde et la solitude.

Le seconde phase est la dépendance. Après la fragilité et le déclassement vient une phase de dépendance vis-à-vis des assistantes sociales et des services sociaux. Il y a alors prise en charge des problèmes individuels par la collectivité. Il est à noter que la phase de dépendance commence par l'évocation des problèmes de santé. Le statut social est alors très dévalorisé, mais

1. Serge Paugam, *La disqualification sociale,* Essai sur la nouvelle pauvreté, PUF, « Quadrige », 1991.

il existe toujours des liens sociaux qui sont une sorte de compensation.

Enfin, la dernière phase est celle de la rupture totale. À ce stade, les personnes connaissent un ensemble de handicaps, elles ont le sentiment d'être « inutiles à la société » et, d'une certaine façon, elles s'effacent du regard des institutions de secours, et de proche en proche disparaissent à elles-mêmes.

Pour Jean-Baptiste de Foucault[1], le sous-emploi frappe le lien social, et le fait d'avoir ou non un emploi est la cause, et la conséquence, du fait de disposer ou non d'un réseau. Sans emploi, il n'y a plus de réseau personnel, et sans réseau, il est difficile de trouver un emploi. Aujourd'hui, selon lui, il n'y a plus d'allégeance à un groupe déterminé. Le lien social, même s'il est de plus en plus libre, est aussi moins consistant.

L'exclusion telle qu'elle est décrite et analysée aujourd'hui est avant tout une « maladie du lien »[2], et c'est sur cet aspect, même s'il peut être décrit et compris, qu'il est difficile d'agir. Durkheim reconnaît deux modèles successifs dans la forme du lien social. D'une part, la « solidarité mécanique » est une forme de lien social caractérisant les sociétés traditionnelles où les individus sont unis dans ce qu'il appelle une « forme communautaire »... Cette adhésion se nourrit d'une croyance élevée dans les vertus de la solidarité organisée. « La "solidarité organique", au con-

1. Jean-Baptiste de Foucault, Denis Piveteau, *Une société en quête de sens,* Odile Jacob, 1995.

2. Expression déjà utilisée dans un article du *Monde* du 15 avril 1997 par Xavier Emmanuelli.

traire, caractérise les sociétés modernes... ces sociétés ne peuvent que stimuler l'individualisme, et les pratiques de solidarité deviennent en grande partie factices... »[1]

On ne peut parler d'exclusion sans évoquer l'aliénation culturelle et économique des populations qui en sont victimes. Depuis les travaux du père Joseph Wrésinsky, un nouveau terme a fait son apparition dans le monde socio-économique : c'est celui de « Quart Monde ». Il implique un autre sens de la fracture sociale, une fracture culturelle entre ceux qui ont la formation, nécessaire pour se situer dans le monde et s'y mouvoir, et les autres, qui n'ont pas reçu les ressources culturelles suffisantes pour y prétendre.

2. **Le Quart Monde.** – Ce terme a une double origine. Tout d'abord, il se réfère, par analogie, à la séparation de la société en « ordres » hiérarchiques et, plus précisément, au Tiers-État. Comme en témoigne le terme de « Quart Monde », popularisé, donc, par le père Joseph Wrésinski en 1957 avec la création d'ATD-Quart Monde, ce concept apparaît pour la première fois en termes voisins lors de la proclamation, en 1790, de droits sociaux, par le comité de mendicité. Dans le texte de Dufourny de Villiers, nommé « Cahiers du quatrième ordre », ce terme désigne tous ceux qui n'ont pas été convoqués aux États généraux de 1789, ceux qui étaient « trop aliénés pour y être représentés ».

Ensuite, l'expression de « Quart Monde » semble avoir également été forgée par analogie avec « Tiers

1. Analyse de Gilles Lamarque dans *Exclusion*, PUF, 1996.

Monde »[1]. Le mot « Tiers Monde » – mot voisin de « Tiers-État » – avait été créé pour représenter le tiers exclu, et, par glissement, ce « Tiers Monde » exotique et non aligné, qui désignait des masses de population, pauvres, lointaines et exploitées, a donné le Quart Monde, sorte de « Tiers Monde » peuplant nos sociétés. L'un des objectifs du père Joseph Wrésinski était d'aider les populations exclues à faire reconnaître leur dignité et leurs droits. Il considère que les besoins culturels doivent être aussi satisfaisants que les besoins matériels, d'où le souci de ce mouvement de créer des écoles populaires, des bibliothèques et des universités populaires pour les familles les plus défavorisées.

On emploie aussi volontiers la dénomination de « grande pauvreté » pour décrire ces populations.

3. **La grande pauvreté.** – Les ménages pauvres sont définis comme les ménages qui perçoivent un revenu inférieur au « seuil de pauvreté ». Le « seuil de pauvreté » est calculé par le niveau de revenu par unité de consommation inférieur à la moitié à la valeur médiane du revenu avant impôts (50 % du SMIC).

Aujourd'hui, 1,7 million de ménages vivent avec moins de 3 500 F par mois et par adulte, selon la notion du revenu disponible déclaré. Ce revenu comprend les revenus d'activité indépendante et les salaires, les indemnités de chômage, les pensions de retraite et d'invalidité[2].

1. Utilisé la première fois dans ce sens par Alfred Sauvy en 1956 dans un article paru dans *France Observateur*.

2. Travaux de l'Observatoire national de la pauvreté et de l'exclusion sociale, La Documentation française, 2000.

Il s'agit d'une notion de pauvreté définie à partir du revenu des ménages, et non à partir des handicaps divers ou de sa propre opinion.

Selon ces critères, environ 10 % des ménages sont pauvres en 1994. Ce pourcentage est globalement le même que dix ans auparavant. Mais la structure de la population pauvre a sensiblement évolué. Une partie de cette population est composée de ménages d'actifs : les agriculteurs, les jeunes adultes en période d'insertion et les actifs plus âgés, en difficulté sur le marché du travail. L'importance de ces deux derniers groupes n'a cessé d'augmenter de 1984 à 1994, sous l'effet de la montée du chômage et de la réduction du nombre des emplois les moins qualifiés, d'une part, et de l'allongement de la période qui sépare la fin des études et l'insertion stable sur le marché du travail, d'autre part.

Un autre phénomène qui concerne la structure de la population pauvre est à souligner : les jeunes, à la fin des années 1990, sont plus fréquemment pauvres que ceux de 1970. Depuis trente ans, la pauvreté s'est aggravée pour les ménages de moins de 30 ans et atténuée pour ceux de plus de 50 ans. L'évolution a été d'autant plus favorable que l'âge est élevé. Autrefois rurale et âgée, la pauvreté est devenue jeune et urbaine.

Pourtant la définition de la pauvreté en termes monétaires n'est pas suffisante pour rendre compte de l'existence d'une « fracture sociale ». En effet, on peut être pauvre et toujours faire partie de la société par des réseaux, mêmes fragiles et informels, mais caractéristiques d'une relation aux autres, à la famille, à une communauté.

Une expression un peu cynique a, durant toute une période, servi à décrire l'exclusion, à savoir celle de « nouveaux pauvres ».

Elle avait sans doute pour objet de caractériser la crise économique qui « fabriquait » des pauvres. Elle désignait ceux qui « tombaient » dans l'exclusion après un licenciement ou le chômage, et qui avaient bénéficié jusqu'alors d'un statut socio-économique satisfaisant.

Cette expression, caractéristique d'une certaine paresse médiatique, a disparu des discours publics. Elle est à rapprocher d'une autre, « pauvre honteux », chère au XIXe siècle.

4. **La marginalité.** – La marginalité est un processus qui fait que les personnes perdent (ou n'acquièrent pas) les représentations symboliques du rapport à l'autre, aux groupes, aux institutions – en somme, la faculté d'abstraction par rapport à une société complexe. Ces personnes se meuvent dans la survie, et leur mode d'existence, coupé de leurs droits élémentaires, les cantonnent, volontairement ou non, en « marge » de la société des échanges.

Souvent cette marginalité est revendiquée. Ce sont des adultes jeunes, vivant aux frontières de la société ; sans être réellement délinquants, ils sont perçus comme des facteurs de déstabilisation sociale (usage de drogue, des drogues douces le plus souvent).

5. **Les zones de « fracture sociale ».** – Au-delà des termes mêmes qui permettent de cerner le contenu de la « fracture sociale », il est également difficile de délimiter les zones de cette fracture.

L'analyse et la description du phénomène de l'exclusion sont de plus en plus nuancées et font prendre conscience aux hommes politiques et aux décideurs que l'exclusion n'est pas exclusivement due à l'augmentation du chômage et de la pauvreté. Pourtant, malgré les mesures nombreuses et la loi contre les exclusions, elle reste un phénomène de société indépendant et persistant, qui recouvre des situations sociales très diversifiées. Cela peut faire référence aussi bien aux errants, clochards, chômeurs, jeunes sans formation, ceux que l'on appelait dans les années 1960 les « économiquement faibles », les sans-papiers, ceux qu'une partie des médias dénommaient les « sans » (sans-papiers, sans-emploi, sans-travail, sans-toit, sans-droit, etc.), les immigrés, les chômeurs de longue durée, les clandestins. Bref, une classification floue et vaste dont le dénominateur commun serait la pauvreté.

Si la description des causes et des conséquences du phénomène de l'exclusion est souvent confuse, c'est parce que des schémas de pensée et des grilles politiques et institutionnelles encore valides il y a vingt ans persistent, prétendant décrire avec pertinence les données sociales et économiques de notre époque. Cela reste la « pensée dominante » de l'analyse superficielle du phénomène : on parle des « exclus » comme d'un ensemble évident.

Les médias retournent aisément à un décodage faisant référence à l'appartenance de classe (ainsi, par une analogie approximative, l'exclusion a pu être assimilée implicitement à une sorte de *lumpenproletariat*), qui représente les populations sans emploi, les vagabonds, les marginaux. D'après la vision marxiste, ce *lumpenproletariat* serait utilisé par la société capitaliste contre le prolétariat en jouant contre la classe ouvrière elle-même.

Cette vision de lutte des classes ne nous semble pas pertinente pour décrire l'exclusion. Il n'existe pas de forces actives qui condamnent à l'exclusion, celle-ci témoigne plutôt d'un processus en cours. Il faut donc affirmer que l'exclusion n'est pas une classe et n'est certainement pas homogène, et, comme l'analyse Jean-Baptiste de Foucault, qu'elle n'est pas synonyme d'exploitation : « L'exploitation est un conflit. L'exclusion est une rupture. Exploiteurs et exploités, oppresseurs et opprimés partagent la même sphère économique et sociale. Ils forment un couple, même si celui-ci est inégalitaire et orageux. Excluants et exclus ont, eux, rompu leurs attaches, et les sphères des uns et des autres ont divorcé. »[1]

Il nous apparaît donc que la grille de lecture classique en termes de classe est insuffisante pour expliquer la situation sociale actuelle, bien qu'elle puisse rester pertinente pour décoder, dans certains cas, les conflits sociaux.

Néanmoins, au-delà de ce schéma de pensée, le fonctionnement même de notre société empêche le renouvellement de la vision de ce problème et l'efficacité des moyens d'action. Dans cette mesure, la « fracture sociale » rend compte d'une faille entre deux conceptions de la société.

1. Jean-Baptiste de Foucault, Denis Piveteau, *Une société en quête de sens,* Odile Jacob, 1995.

II. – Derrière le sentiment qu'il existe une fracture sociale, on retrouve la persistance de schémas de compréhension hérités des « Trente Glorieuses »

Toutes les solutions préconisées dans la lutte contre les exclusions se situent par rapport à un système de pensée, culturel et institutionnel, dont les fondements ont été acquis et élaborés durant les trente dernières années jusqu'à nos jours.

Le propre des structures est d'évoluer, pas forcément au même rythme que les mœurs. En effet, les comportements évoluent plus vite que les institutions. C'est pourquoi on retrouve toujours un décalage entre la demande et l'offre. Par exemple, la famille, cette institution sociale de base, a beaucoup évolué. De même, les grands mouvements de population – immigration, exode rural, urbanisation – ont profondément modifié le paysage culturel et économique des populations.

1. **La mise en place des systèmes de cohérence sociale mais aussi de contrôle.** – Depuis les « Trente Glorieuses », les dispositifs sociaux mis en place ont été, strate après strate, introduits dans le fonctionnement institutionnel avec plus ou moins d'efficacité, dans l'effort sociétal de lutte contre l'exclusion.

Les institutions élaborées volontairement par décision « politique » dans les années 1970, et ce grâce à des réformes audacieuses, témoignent d'une vigueur et d'une rigueur économique, technique et marchande. Cependant, si des domaines d'expertise très efficaces ont été identifiés et formalisés, les structures ainsi formées ont eu tendance, par leur logique, leurs objectifs, leurs budgets, leur culture, leurs personnels, à former des domaines de compétence en quelque sorte autonomes et d'une certaine façon étanches, parce qu'experts et puissants. Ces derniers ont parcellisé, morcelé les territoires d'éducation, de santé, de société.

On peut dire que la fracture sociale témoigne du morcellement des structures.

La société actuelle a éclaté en sphères d'expertise et d'influence, les structures et institutions ont peu à peu délimité leur territoire de compétences, et se sont autonomisées, voire opposées, pour répondre à ces transformations.

On observe en effet beaucoup de changements et d'évolution, dus en particulier à la technique dans la gestion de notre société. Cependant, pour illustrer notre propos, on s'attachera aux quelques domaines qui ont eu le plus d'importance dans la sphère médico-psychosociale. On s'efforcera de le démontrer à travers quelques exemples concernant les piliers mêmes de notre politique et l'exclusion qu'elle génère, celle-ci étant parcourue à son tour par des lignes de fracture inconciliables.

Notre société est loin d'être une société d'exclus. Néanmoins, examiner les phénomènes qui se déroulent dans les situations limites permet d'entrevoir les paradoxes qui mettent en tension les institutions dans leur fonctionnement quotidien.

A) *La séparation du sanitaire et du social.* – Un des éléments importants qui a marqué profondément le domaine de l'exclusion a été l'instauration de la séparation du sanitaire et du social initiée par la loi du

31 décembre 1970 relative à la réforme hospitalière notamment, puis à la loi du 30 juin 1975 relative aux institutions sociales et médico-sociales. Ces lois concernent la vision et la fonction de l'accueil, du soin, de l'accompagnement, et le centre de cette problématique est l'hôpital.

L'hôpital. – Depuis le XIXe siècle, l'hôpital avait acquis peu à peu son identité et son autonomie. La loi du 7 août 1851 distinguait l'hôpital de l'hospice et le dotait de la personnalité morale ainsi que d'une autonomie financière. L'hôpital commençait ainsi à affirmer sa vocation médicale. Puis, en 1941, une loi consacra l'hôpital comme lieu médicalisé ouvert à tous les publics et plus uniquement réservé aux indigents.

Mais la vraie révolution a eu lieu dans les années 1970.

La loi de 1970 définit l'hôpital uniquement comme un établissement de santé ; autrement dit, sa vocation première n'est plus celle d'héberger et d'accueillir que dans la mesure où il soigne. Cette loi consacre la disparition définitive de la fonction asilaire de l'hôpital en séparant institutionnellement le « médical » du « social ». Peu à peu l'hôpital a évolué vers un lieu de haute technicité pour des séjours de plus en plus courts. Une carte sanitaire rationalise les distributions des différentes disciplines de ces établissements, qui s'éloignent de la conception traditionnelle de l'hôpital et cache en fait une idéologie économiste de soin. Mais de trop nombreuses situations montrent que cette séparation est trop schématique, a conduit à segmenter des groupes que les institutions séparaient en « mondes » différents ; ainsi, on a observé un renversement d'axe du système de soins, qui n'est plus centré sur le médecin de famille mais sur cet établissement de soins qu'est l'hôpital.

Ce système est devenu, grâce aux technologies d'investigation, au diagnostic et à l'audace des traitements curatifs, la ressource incontestable de la démarche de santé. Mais, par voie de conséquence, tous les soins lents, non paramétrables, tels les soins d'accompagnement, de réconfort, de reconstitution douce de la personne profondément atteinte dans son psychisme par la maladie ou l'accident aigu, ont été négligés ou, en tout cas, sous-évalués. Tout ce qui pouvait représenter une réflexion sur les séjours de long terme, la chronicité, l'accueil dans le temps, a été traité en quelque sorte par défaut, donc avec des moyens en personnels et en matériel inadaptés à la demande potentielle.

Dans les situations extrêmes, dans la grande exclusion, lorsque les personnes s'épuisent dans une symptomatologie complexe relevant de problématiques multiples (hébergement, éducation, santé), l'hôpital ne peut traiter que l'aspect concernant la santé ; encore faut-il que cet aspect soit présenté dans sa part très spécialisée. Si la personne présente un problème psychiatrique ou somatique, son traitement ne suivra pas le même cheminement. Si le problème est psychiatrique, il est nécessaire de se poser la question du point de vue de l'hôpital et du soignant : est-ce un épisode aigu ou une détérioration chronique ? L'un est en quelque sorte traitable, ou du moins « stabilisable », au cours d'une hospitalisation brève, tandis que l'autre relève beaucoup plus de l'environnement social, et est donc moins facilement abordable. Quant aux problèmes somatiques, s'agit-il d'une manifestation inhabituelle se surajoutant à une multitude d'altérations telles que la malnutrition, l'alcoolisme, le tabagisme, le malade n'étant « que » fatigué ou épuisé ? L'hôpital ne peut accueillir ce dernier cas ni en « aigu », ni en « long terme », surtout si des problèmes d'environnement, de logement et de comportement s'y ajoutent. S'agit-il, à l'inverse, d'un accident ? Cette fois-ci, l'hôpital est le cadre adapté et idéal pour soigner, car il se situe dans l'optique de « réparer ».

En somme, l'hôpital, qui est le centre du système de soins, est en fait un lieu de réparation d'organes ou de systèmes lésés ; il va tenter de remettre à l'état antérieur les pièces de l'organisme atteintes, usées ou amoindries.

L'hôpital est un monde étanche qui traite de manière cohérente, efficace et logique, mais sur une brève période. Il est moins performant dans le traitement du long séjour et de la chronicité.

Cependant, pour le public, il reste encore un établissement polyvalent d'accueil, d'accompagnement et de soins. La rupture de sens se situe précisément à cet endroit.

Des efforts ont été faits récemment par les politiques pour essayer de mettre en réseau le monde sanitaire et le monde social autour de la précarité par l'intermédiaire des PRAPS et les PASS.

– Les PRAPS sont des programmes d'accès régionaux à la prévention et aux soins institués par la loi de lutte contre les exclusions du 29 juillet 1998. Sous la responsabilité de la DRASS et la DDASS, ils incitent à :

– réaliser un état des lieux sur la santé et la précarité ;
– organiser des concertations avec l'ensemble des acteurs concernés ;
– monter des actions pour répondre aux besoins.

Ces programmes s'articulent autour d'un dispositif hospitalier qui facilite l'entrée dans le système de soins pour les personnes exclues, le PASS (Permanence d'accès aux soins de santé).

Cette permanence s'appuie sur la circulaire du 25 novembre 1999 instaurant les réseaux liés à la politique de la ville et à la loi instaurant la Couverture maladie universelle (CMU, 1er janvier 2000).

Deux priorités sont alors affichées : la santé mentale et les jeunes.

Cependant l'hôpital reste le pivot du système de santé.

B) *La psychiatrie et la fracture sociale.* – En ce qui concerne la psychiatrie, la fracture sociale s'y manifeste encore plus car le monde psychiatrique traverse une crise sans précédent.

Au XIXe siècle, un médecin français comme Pinel avait compris que les fous étaient des malades et non pas des hommes étranges et dangereux, possédés par des forces incontrôlables. Il modifia de ce fait profondément la perception de la folie, en impliquant la tolérance de la société.

Il en est sorti un point de vue révolutionnaire qui détermine la maladie mentale par rapport à la souplesse de l'environnement social et culturel. En résulte une notion réflective d'asile et d'internement, et la promulgation de décret et de loi comme celle de 1838. Ainsi a-t-on admis que la maladie psychiatrique est une maladie analogue à une maladie somatique, sauf qu'elle n'est pas visible et qu'il faut protéger les malades d'eux-mêmes, et la société des malades.

Avec l'évolution des idées et des mœurs, et surtout l'arrivée de psychotropes très puissants (qui avaient été créés dans les années 1950 avec la découverte des neuroleptiques), on a pu améliorer et stabiliser un nombre notable de cas de psychose. Par la suite, d'autres molécules ont suivi qui ont apporté une aide considérable dans les cures de ces maladies.

Dans cette logique des années 1970, les mentalités ayant profondément évolué, la notion d'enfermement s'est trouvée remise en question. En France, la politique de sectorisation est alors entrée en vigueur, modifiant l'immersion dans la société du traitement et de la tolérance de la folie au sein même de la communauté sociale.

Le secteur avait signé la fin de l'asile psychiatrique.

Aujourd'hui la société française a profondément changé son rapport à la folie ; désormais, la sectorisation est la règle et l'internement devrait être l'exception, comme en témoignent la circulaire du 30 novembre 1992 qui recommande la réduction de lits d'hospitalisation, au profit de la prise en charge des structures alternatives (CMP entre autres), et les lois récentes qui ont largement modifié les conditions de l'internement, notamment la loi du 27 juin 1990 relative à l'hospitalisation des personnes atteintes de troubles mentaux.

Cependant la tendance essentielle qui divise le monde de la psychiatrie est d'ordre positiviste.

À partir du moment où l'on possède des médicaments efficaces et où l'asile ne représente plus qu'une solution d'effacement et d'oubli, des médecins ont essayé d'établir des classifications statistiques, des symptomatologies significatives, des diagnostics et des traitements, comme on le fait pour les maladies organiques. C'est la fameuse conception réductrice du DSM4[1] qui balise et décrit ces pathologies pour organiser et planifier l'accueil, l'approche et le suivi des patients.

L'attente du public et cette évolution du monde psychiatrique sont génératrices d'incompréhensions. Tout se passe comme si, dans le monde de l'exclusion, nombre de pathologies graves et dangereuses échappaient au « contrôle » social car la psychiatrie, ne disposant plus de ressource « asilaire », c'est-à-dire d'enfermement coercitif, s'est ainsi privée de la ressource « asilante » d'abri, d'hébergement, de soin et d'attention au long terme. Dès lors, de nombreux SDF psychotiques se retrouvent à la rue, hors du regard de l'institution et hors de portée de l'intervention psychiatrique. Des solutions alternatives à l'enfermement en hôpital psychiatrique existent bien, mais à condition que les patients soient insérés dans un cadre stable : un logement, un hébergement et des relations sociales et affectives, souvent considérées comme des

1. Classification psychiatrique nord-américaine signifiant : *The Diagnostic and Manual of Mental Disorders,* 4e édition. Elle est publiée par l'Association américaine de psychiatrie et s'appuie sur la classification internationale publiée par l'Organisation mondiale de la santé.

ressources constantes et réelles. Et le « monde du social », auquel reviendrait la mission d'hébergement, est singulièrement démuni.

L'institution psychiatrique, pour ces cas extrêmes, est mise en échec ; la « fracture sociale », résultant de ce système d'organisation, révèle les failles de l'institution qui, par ailleurs, se révèle performante et efficace.

C) *L'éducation et la formation.* – En ce qui concerne l'Éducation nationale, le facteur identifié comme favorisant l'exclusion est l'échec scolaire. Plus précisément, l'échec scolaire contribue à créer ou à aggraver le processus qui la génère. L'école est pourtant gratuite, laïque et obligatoire, et a depuis le XIXe siècle constitué l'un des piliers majeurs d'intégration dans la société. Cependant elle joue aujourd'hui sans le vouloir un rôle de révélateur des forces qui travaillent à la « décohésion » du système social. En effet, cet échec est plus apparent dans les zones rurales en voie de désertification et dans les zones urbaines en difficulté. Elle est aggravée par le manque de crédibilité de l'autorité parentale autant que par celle de certains représentants du projet scolaire.

La conséquence en a été l'apparition à grande échelle du phénomène de l'illettrisme, qui ne se limite évidemment pas à l'échec scolaire des jeunes nationaux, mais touche également les populations étrangères qui viennent de vagues successives d'immigration, et pour lesquelles les institutions traditionnelles se sont révélées trop peu souples et adaptées.

Selon l'INSEE, on dénombrerait actuellement 4 millions de personnes illettrées. L'illettrisme n'est pas synonyme d'exclusion, même s'il est un facteur aggravant : selon les associations, 30 % des personnes en difficulté seraient frappées d'illettrisme.

Mais l'illettrisme est également un phénomène générationnel. Dans les centres d'hébergement d'urgence du Samu social, on peut observer, mais ce n'est qu'une illustration subjective, que les « vieux » hébergés (de plus de 45 ans) se distraient plus volontiers en lisant le journal ou un livre, tandis que les plus jeunes, pour une certaine partie d'entre eux du moins, se regroupent autour de la télévision et ne maîtrisent pas assez la lecture pour y avoir recours comme une distraction.

Il est vrai que les grandes avancées du siècle dans le domaine de l'Éducation nationale, telles que l'instruction obligatoire, la généralisation de l'enseignement secondaire et la volonté d'ouvrir l'accès au plus grand nombre à l'enseignement supérieur, ont contribué à réduire les inégalités sociales devant l'école.

Les phénomènes qui ont contribué à démocratiser l'école sont, en effet, bien connus :

- l'instruction obligatoire jusqu'à 13 ans (fin du XIXe siècle) ;
- puis jusqu'à l'âge de 16 ans en 1960 ;
- la création du collège unique en 1975 ;
- la réforme du lycée (accès à un plus grand nombre) en 1988.

Cependant, d'après une enquête récente de l'INSEE[1] malgré la démocratisation évidente du système sco-

1. *Économie et statistiques,* n° 334, 2000-4, INSEE.

laire, il subsiste une inégalité devant l'école déterminée par l'origine sociale et, plus précisément par le milieu culturel.

La « massification » (ou démocratisation) qui a débuté dans les années 1960, et qui a consisté en un allongement général des études (ou du moins en un accroissement de la scolarisation pour l'ensemble des jeunes, quelle que soit leur origine sociale), n'a pas effacé pleinement les inégalités.

Malgré cette « massification », l'enquête de l'INSEE montre que, pour les études supérieures, « la destinée scolaire reste fortement liée à l'origine sociale », toutes générations confondues. « Ce sont les enfants d'enseignants, puis les enfants de cadres supérieurs qui sont le plus souvent diplômés de l'enseignement supérieur. »

Parallèlement, deux tiers des enfants de familles pauvres (en dessous du seuil de pauvreté monétaire, c'est-à-dire 3 500 F ou environ 530 € par unité de consommation) sont en retard scolaire dès le collège.

Mais, au-delà de l'origine sociale, le milieu culturel aurait davantage d'impact aujourd'hui qu'autrefois sur l'accès aux études secondaires et supérieures. « Ainsi, l'inégalité devant l'école s'exprime davantage comme une inégalité culturelle (via le diplôme de la mère ou celui des parents) que sous la forme d'une inégalité strictement sociale. »

2. **Une des composantes de la fracture sociale : le morcellement (ou l'éclatement) de la famille.** – Dans le domaine des mœurs et des comportements sociaux, on assiste à un phénomène analogue de morcellement.

A) *Le bouleversement sociodémographique des années 1970.* – Il a contribué à modifier les structures familiales, entraînant plusieurs phénomènes :

- le déclin progressif de la famille nombreuse ;
- l'apparition des naissances hors mariage. En 1968, 6,4 % des naissances étaient hors mariage ; elles sont à hauteur de 30,1 % en 1990 ;
- l'apparition de l'union libre ;
- l'augmentation du taux de divorce.

Ces facteurs ont eu comme conséquence, bien entendu, un profond remaniement de la famille mais aussi de la perception de la société vécue comme plus libérale, moins totalitaire, les liens familiaux étant perçus comme moins contraignants.

Les cellules familiales, tout en restant une unité sociologique de base, ont changé petit à petit d'aspect, avec notamment l'apparition des familles monoparentales et des familles recomposées. À titre d'illustration, en 1986, 2 millions d'enfants de moins de 19 ans ne vivaient pas avec leurs deux parents.

Cette évolution de la famille a contribué à augmenter pour certaines personnes le risque d'isolement social, donc de pauvreté ou d'exclusion. Et, inversement, la pauvreté peut être aussi un facteur de morcellement et d'éclatement de la famille. Dans tous les cas, d'après l'enquête du CREDOC, 14 % des ménages défavorisés en 1994 étaient des femmes seules avec enfant.

B) *Les liens de proximité (dans le cadre de la famille « élargie »).* – À ce propos, il faut souligner qu'en 1985 la pauvreté touchait principalement les membres, enfants et parents des familles nombreuses, alors que, de nos jours, plus d'un enfant pauvre sur cinq vit dans une famille monoparentale (en 1985, cela ne concernait qu'un enfant sur dix). À cet égard, le tableau ci-dessous retrace l'évolution de l'environnement familial dans la détermination de la pauvreté :

Proportion de familles pauvres par type de famille
(en %)

Type de famille	*1985*	*1995*
Couple avec 1 enfant	5,2	5,9
Couple avec 2 enfants	5,2	6,5
Couple avec 3 enfants et plus	12,9	11,0
Famille monoparentale	11,8	17,0
Autres ménages avec enfants	13,6	12,3
Ensemble des familles avec enfants	8,5	9,3

Source : tableau reproduit d'une note de l'INSEE, in *INSEE Première,* n° 499, décembre 1996. (Champ : ménages avec enfants de moins de 25 ans).

C) *Comparaison avec la situation européenne.* – Au-delà du lien familial, les raisons culturelles et traditionnelles, même dans des situations de pauvreté, permettent de conserver des liens dans certaines circonstances et donc de préserver le lien social qui constitue un filet de sécurité.

Une comparaison européenne, parue dans les données sociales 1999 de l'INSEE, montre que le risque d'isolement social est plus élevé dans les pays du Nord par rapport aux pays du Sud. Par exemple, parmi les chômeurs en situation de pauvreté, 39 % vivent seuls au Danemark, contre 1 % seulement en Italie et en Espagne. Par ailleurs, il est démontré que dans les pays du Sud de l'Europe les solidarités familiales jouent un rôle important dans l'atténuation du risque de pauvreté, voire de l'exclusion qui découle de la perte d'emploi. En France, 11,9 % des personnes seules au chômage sont aidées par leur entourage, c'est-à-dire les parents, les amis ou autres personnes vivant à l'extérieur du ménage ; en Grèce, cette proportion passe à 53,1 %, alors qu'en Italie et en Espagne 25 % des personnes seules au chômage sont aidées[1].

L'importance des liens sociaux de proximité ou de liens primaires comme ceux de la famille a été formalisée dans le schéma suivant :

Intégration par le travail

Intégration par le travail
- compétences et qualifications
- ressources économiques
- Bien matériel
- Logement

Inclus mais vulnérables	Intégration
Exclusion	Intégration moins précaire soutenue par l'assistance

Intégration par le lien social
- réseau familial
- réseau amical

Source : Furtos et Laval, OSPERE, d'après Robert Castel.

Ce schéma montre que, au-delà des ressources économiques, de logement, de qualifications professionnelles, la qualité et la quantité des liens sociaux et

1. Eurostat, panel européen des ménages, première vague, 1994.

affectifs sont aussi des facteurs d' « inclusion ». Les personnes qui ont un bon niveau d'études, un métier qualifié, un logement, mais sont isolées socialement, sont fragiles et susceptibles de tomber dans l'exclusion, de même, mais pour des raisons différentes, que les individus, précaires économiquement et « inclus » socialement.

3. **Le morcellement géographique.**

A) *D'une France rurale à une France urbaine.* – De 1945 à 1975, le mouvement d'exode rural s'est fortement accéléré. Aujourd'hui, 80 % de la population française vit dans des villes, alors que la population urbaine représentait 59 % en 1954, et seulement 25 % en 1900. La situation territoriale actuelle est complexe : certaines campagnes sont encore touchées par l'exode rural alors que d'autres sont de plus en plus urbanisées, ce mouvement brouillant l'opposition entre espace rural et ville.

Un des éléments qui a contribué à brouiller les lignes de séparation entre les campagnes et la ville est la constitution des banlieues.

B) *Phénomène de banlieue et de quartiers.* – Le phénomène de banlieue et de quartiers est apparu de façon concomitante avec celui de l'immigration, même si, aujourd'hui, ces deux phénomènes sont largement différenciés.

L'aspect de la ville a profondément changé en une génération, en particulier à cause des peuplements impliquant d'autres comportements en particulier des comportements liés au territoire et à la violence, et de la sociologie, qui a tendance à isoler les zones urbaines les unes des autres.

La politique de la ville consiste désormais à lutter contre le morcellement des quartiers. Ainsi, depuis 1990, on assiste à une politique volontariste d'action de l'État, des collectivités locales et des quartiers prioritaires qui s'est exprimée dans les contrats de développement social des quartiers (DSQ) et de rénovation urbaine.

La voiture a bouleversé la notion de quartier. La disposition des magasins et les grandes chaînes de distribution ont modifié les comportements et les relations de voisinage, au point même d'isoler les individus les plus fragiles. La convivialité des quartiers s'en est trouvée modifiée.

La fracture sociale passe à travers cet éparpillement des microsociétés du quotidien.

4. **La modification des modes de vie : une société en rupture ?**

A) *L'importance de la télévision.* – Un des grands changements des trente dernières années est l'avènement de l'image dans notre vie quotidienne et l'importance de la télévision comme média dans la vie courante.

En 1997, la durée moyenne d'écoute journalière de la télévision est d'environ cinq heures par foyer. Elle était de quatre heures par foyer en 1982. En 1997, plus de 2 millions de foyers étaient raccordés au câble, alors qu'ils n'étaient que 500 000 en 1990.

Le grand bouleversement des mœurs qui a induit de nouveaux comportements a résidé dans la généralisation, au sein de la population française de ces trente dernières années, de l'usage de la télévision.

L'intrusion de la télévision comme phénomène sociologique de masse est à prendre en considération dans la représentation symbolique du réel, de l'espace, du temps des événements et de la vie quotidienne, et a eu pour conséquence une modification du lien social.

Rien ne peut désormais être perçu concernant le monde, en dehors du compte rendu par l'image.

On peut écrire que les psychismes ont été littéralement modelés par la survenue des flux d'images dans la quotidienneté. Non pas seulement par leur contenu, mais par la modélisation de la représentation sociétale.

Pour les enfants de cette génération, la télévision a représenté le premier instituteur et la mise en scène de la vie quotidienne, entraînant une micropédagogie de l'instant, bouleversant la perception de la réalité, au point que cette réalité a été remodelée à l'aune de l'image, et que ces images ont influencé la connaissance symbolique du monde en introduisant d'autres canons, éthiques, esthétiques et culturels.

Le rapport à l'environnement, aux us et coutumes traditionnels a profondément évolué dans l'esprit du public, et l'on peut considérer que ce média a transformé l'héritage culturel social et la transmission des mythes, rites et coutumes qui permettaient de décoder la société.

La télévision a contribué à rendre désuets les référents qui bordaient notre monde et notre société ; dans cette mesure, les liens de l'altérité et de la société ont été modifiés.

B) *Société de consommation et de loisirs.* – Plus généralement, nous sommes entrés dans une société de consommation et de loisirs. À titre d'exemple, en 1997, les ménages français ont dépensé 5 % de leur budget pour les loisirs, soit quasiment un doublement depuis 1980.

Parallèlement, la montée en puissance de la pénétration des médias a conduit insidieusement à des changements culturels, qui concernent en particulier la notion de temps libre et surtout la consommation, objectif de toute la production de la part active de la société. On assiste à un changement de comportements de la part des « récepteurs » (femmes au travail, jeunes au chômage dans les cités, adolescents dont le contenu des messages influence leur comportement), parce qu'ils sont la cible finale de toute production de biens et de services.

Ces facteurs ont contribué à une perception d'une société éclatée ayant perdu ses grandes lignes directrices structurelles. Ils ont permis en fin de compte l'émergence du concept de fracture (multiple) atteignant le consensus social.

C'est dans ce contexte que s'épanouit la notion de « crise » ou de nouvelle donne économique et sociale.

III. – La nouvelle donne économique et sociale, génératrice d'une prise de conscience des médias et du public

La crise économique et sociale qui a débuté dans les années 1970 a modifié profondément les relations de travail, de production, la gestion des personnels et des problèmes sociaux, syndicaux et politiques.

En quoi consiste cette nouvelle donne économique et sociale ?

En 1973, le choc pétrolier et ses conséquences économiques en chaîne bouleversent notre société et nos croyances. Depuis cette date, deux importants phénomènes sont apparus, qui ont contribué à détériorer l'environnement social et ont favorisé l'apparition de l'exclusion :

– l'apparition du chômage de masse ;
– la crise de la protection sociale.

1. **L'apparition du chômage de masse.** – La progression continue du chômage depuis les années 1974-1975 a été l'un des faits les plus importants de la sphère sociale. Quelques chiffres illustrent parfaitement cette progression galopante. En 1974, 500 000 personnes étaient sans emploi, soit un taux de chômage de 2,5 % de la population active, 1 million en 1977, 2 millions en 1982, plus de 3 millions en 1992 – soit environ 12 % de la population active.

Malgré la reprise économique, ni le chômage de longue durée ni l'exclusion ne baissent.

Mais, plus inquiétant, lors des périodes de reprise économique (par exemple lors des années 1988-1990), le chômage a baissé très peu. Dans cette période, alors que la création nette d'emplois était de 700 000, le chômage a seulement baissé de 60 000 emplois ; il est à noter que la proportion de baisse est d'autant plus faible que le chômage est de longue durée. Un phénomène analogue doit être observé pour la période 1996-2000, années de reprise et d'expansion économique qui ont été marquées par une stagnation du nombre de chômeurs de longue durée.

Pour mesurer l'effet de la conjoncture économique sur la situation des personnes les plus défavorisées, une étude récente, réalisée par la Direction de la recherche, des études, de l'évaluation et des statistiques, a montré l'effet de la reprise économique sur les allocataires du RMI. Grâce à une modélisation[1], l'étude a pu mettre en avant qu'il faudrait, selon leurs estimations, une création annuelle moyenne de 400 000 emplois pour stabiliser le nombre d'allocataires du RMI. En effet, la stabilisation du nombre d'allocataires du RMI a été observée à partir de 1999, soit trois ans après la reprise économique.

Comme le souligne l'Observatoire national de la pauvreté et de l'exclusion sociale dans son rapport pour l'année 2000, la pauvreté est relativement « inerte » par rapport à la conjoncture économique.

Cette difficulté des chômeurs, et plus particulièrement des chômeurs de longue durée, à retrouver un emploi renforce durablement l'impression d'une société à deux vitesses, l'une dynamique, vivante et participante, et l'autre inerte, à la merci des aides de l'État et des tutelles. Curieusement, c'est parfois la performance même des entreprises qui est à l'origine de cette situation.

En effet, des gains de productivité trop importants entraînent des conséquences pour l'emploi.

De nombreuses explications ont été avancées pour expliquer cette faible création d'emplois : un contenu

1. G. Cornilleau, D. Demailly, C. Gilles, J.-P. Papin, Les évolutions récentes du RMI : un effet percptible de la conjoncture économique, *Études et résultats,* n° 85, DRESS, octobre 2000.

de la croissance faible en emplois et une inadéquation des qualifications entre offres et demandes d'emploi.

Modification profonde du monde du travail.

Le freinage salarial n'est pas nécessairement en adéquation avec la croissance du chômage ; en d'autres termes, une hausse du chômage n'entraîne pas forcément une pression à la baisse sur les salaires. Ce schéma explicatif a été formalisé par des économistes anglo-saxons par la théorie *insiders/outsiders*[1].

Les travailleurs occupant un emploi ont un pouvoir de négociation qui leur permet de biaiser le processus de détermination des salaires tel qu'il résulterait du seul marché. En dehors des phénomènes classiques de paix sociale « achetée » par l'employeur, ce pouvoir de négociation résulte de mécanismes proprement économiques : les frais d'embauche ou de licenciement et de formation rendent importants les coûts de rotation de la main-d'œuvre, et dissuadent donc l'entreprise de se séparer des travailleurs productifs qu'elle emploie pour engager des demandeurs à prétentions salariales moindres.

Il existe une dualisation du marché du travail où les salariés ont des logiques propres de négociation sans se préoccuper du niveau de chômage. Ce phénomène est renforcé lorsque les *outsiders (les chômeurs)* ont un faible niveau de qualification – en d'autres termes, lorsque leur « employabilité » rend faible leur pression concurrentielle sur le marché du travail. La France serait particulièrement touchée

1. A. Ludbeck, Dj. Snower, *The Insiders/Outsiders Theory of Unemployment,* The MIT Press, 1988.

par ce phénomène : le poids et les logiques de négociation des syndicats et l'importance du chômage de longue durée.

Au-delà de la crise de l'emploi, un autre phénomène est constant depuis la fin des « Trente Glorieuses », à savoir la crise de la protection sociale qui met en cause nos principes de redistribution, donc de solidarité.

2. **La crise de la protection sociale.** – La protection sociale recouvre à la fois la Sécurité sociale, le système de retraites, l'assurance maladie, la politique familiale et l'assurance chômage. C'est ce système qui a créé l'État-providence.

Le système français de protection sociale s'inspire de deux modèles européens : le modèle allemand assuranciel mis en place par Bismark dans les années 1880[1], et le système anglais inspiré du plan Beveridge de 1942.

L'État-providence bismarkien est fondé sur le mécanisme des assurances sociales dans lequel les prestations sont la contrepartie des cotisations. Ce système repose sur des solidarités socioprofessionnelles et sur un réseau de caisses, soit par branche ou par secteur, le salarié pouvant choisir son régime d'affiliation.

L'État-providence beveridgien est un système uni-

1. Les fondements du système ont été bâtis à la fin du XIXe siècle par un ensemble de lois : loi de 1881 instaurant une assurance obligatoire des employeurs en matière d'accidents du travail, loi de 1883 relative à l'assurance maladie obligatoire, loi de 1884 pour les accidents du travail, loi de 1889 créant un système de retraite.

forme et universel directement géré par l'État et financé principalement par l'impôt. Ce système repose sur trois principes : l'Universalité, l'Unité (il n'existe, à la différence du modèle bismarkien, qu'une seule assurance nationale sous l'autorité de l'État) et l'Uniformité (les droits sont équivalents pour chacun et ne sont pas définis en fonction de sa faculté contributive ou de sa situation personnelle).

La France, notamment par l'intermédiaire des ordonnances de 1945, s'est dotée d'un système beveridgien en respectant les trois principes énoncés. L'originalité française réside dans le fait que, parallèlement à ce régime général, il subsiste un régime agricole et des régimes spéciaux (ces assurances professionnelles ont été mises en place bien avant).

Ce système de protection sociale a été fortement ébranlé depuis les années 1970, date du début de la crise. Cette crise peut se résumer par l'inadéquation entre l'évolution des recettes et des dépenses. Les principes de départ, et notamment celui d'Universalité, sont alors remis en cause dans les faits. En 1999, à propos de l'assurance maladie, le gouvernement français estimait que 150 000 personnes ne bénéficiaient d'aucune couverture maladie et que 700 000 personnes n'avaient pas accès à un régime de base obligatoire à partir des critères d'affiliation traditionnels (activité professionnelle, retraite, ayant droit d'un assuré).

Même si ces chiffres sont déjà alarmants en eux-mêmes, cet exemple n'en est qu'un parmi d'autres ; le système de retraite est aussi remis en cause. On peut donc dire que l'ensemble du système est atteint.

3. **La crise de l'État et la particularité française.** – La crise qui a débuté dans les années 1970 a marqué la fin de la société industrielle telle qu'elle était omniprésente depuis un siècle et a mis à mal les fondements de l'État. Cette remise en cause de l'État est l'un des éléments importants de la nouvelle donne économique et sociale ; elle contribue à une vision floue de l'intervention publique, notamment dans le domaine de la lutte contre les exclusions.

L'État est non seulement ébranlé économiquement mais aussi culturellement et philosophiquement[1].

La montée du chômage ainsi que la difficile maîtrise des dépenses de santé et des différentes prestations ont contribué à la crise financière de l'État. De cet ébranlement est née la contestation du rôle de l'État pour assurer la redistribution et la solidarité.

Ses mécanismes redistributifs n'arrivent plus à faire face à des problématiques sociales, telle que l'exclusion.

On assiste en effet, depuis les années 1970, à un déclin de l'État-providence traditionnel, un État assurantiel qui protégeait les individus et leur assurait la santé et la survie.

En France, il existe une remise en question des modèles de société et en particulier du modèle (ou du mythe) de l'État-providence. Au-delà de l'interventionnisme étatique, la France avait une tradition de syndicalisme de lutte des classes, et de distance vis-à-vis du marché. Mais la crise économique, et notam-

1. Pour une analyse plus approfondie de la crise de l'État-providence, cf. l'ouvrage de Pierre Rosanvallon, *La crise de l'État-providence,* Le Seuil, 1981, rééd., 1992.

ment la remise en cause de la protection sociale et l'apparition d'une exclusion constante, ont fait éclater ce système.

Peut-on pourtant affirmer, comme Michel Albert dans son ouvrage *Capitalisme contre capitalisme* (Le Seuil, 1991), que « nous sommes entrés, sans doute de façon durable, dans la phase du capitalisme à la place de l'État » ?

Le fait est qu'aujourd'hui l'État est moins centralisateur ; c'est un paradoxe, car dans la perception du public l'État est encore investi de sa « toute-puissance ».

4. **L'immigration de masse et d'autres phénomènes contemporains accompagnent cette sensation de vulnérabilité.** – L'immigration est un problème délicat qui touche directement le débat public et les représentations de la société. Aucun autre débat n'a cette portée puisqu'il interroge les facultés d'intégration de populations dont les modes, les mœurs et la culture s'éloignent du modèle traditionnel occidental. Souvent ces populations sont accompagnées de famille et d'enfants et mettent en question le système d'assistance de soins et de protection sociale.

L'exclusion, dans ce cas, est non seulement basée sur des problèmes économiques, mais également sur les modes de vie qui engendrent des terrains xénophobes et des problèmes de logement.

On peut distinguer plusieurs vagues migratoires.

D'abord, celles des années 1970 par l' « importation » de travailleurs immigrés, conséquence d'une politique délibérée du monde de la production qui ne pouvait plus recruter de main-d'œuvre non qualifiée à bas coût ; elle a entraîné une politique de regroupement familial.

Il reste encore (en témoignage de cette époque) un certain nombre de travailleurs immigrés dans les foyers SONACOTRA ; ces derniers deviennent, dans bien des cas, des asiles de vieillards et témoignent de la difficulté de mélanger ces populations de travailleurs immigrés vieillis célibataires, qui avaient envoyé leur vie durant leur « paye » au pays, avec les gens des quartiers difficiles. Ces foyers SONACOTRA, situés, à l'origine, en dehors des villes, se retrouvent maintenant au cœur des quartiers difficiles puisque la ville s'est étendue.

L'immigration de deuxième génération et les difficultés culturelles et économiques d'intégration ont encore accentué le problème des quartiers (mixité sociale) et les interfaces d'incompréhension et de rejet (2e et 3e générations), non seulement intergénérationnels mais également culturels.

La deuxième génération, qui a commencé avec la chute du rideau de fer, concerne de nombreuses populations venues des pays de l'Est. D'abord de Pologne, de Lituanie, de Russie, d'Ukraine, de Roumanie, de Slovaquie, etc., mais également des pays des Balkans en crise : Bosniaques, Serbes, Kosovars, Albanais, Kurdes, Roumains, souvent accompagnés d'enfants.

Dans le même temps, l'immigration originaire des pays subsahariens continue et s'accentue, mettant en question les dispositifs d'urgence et les dispositifs d'assistance.

Cette immigration pèse sur toute l'Europe, l'Espace de Schengen notamment. Elle pose un grand nombre de problèmes, outre celui, capital, de son intégration ; ainsi, quand l'immigration est clandestine, elle s'accompagne du phénomène des passeurs, des mafias, du travail au noir, et met en évidence les pratiques discriminatoires dans l'obtention des visas, des conditions de délivrance des certificats d'hébergement pour la visite de parents étrangers, pour l'inscription scolaire, pour les mesures de reconduite à la frontière, etc. L'immigration clandestine, au regard de ces difficultés, se traduit par l'errance et la clandestinité.

Ces phénomènes sociologiques ont induit des changements profonds dans la vie quotidienne, et l'opinion, sous l'influence des médias, change et fluctue ; si le phénomène est bien connu, il est mal décrit, et semble être chargé de tensions et de potentialités déstabilisatrices. L'attitude des sociétés et des politiques s'en ressent. Ils sont extrêmement ambigus face à ces immigrations.

Cette modification des données économiques et sociales a eu aussi une incidence politique et culturelle qui éclaire la notion d'identification de groupes sociaux émergents. C'est précisément dans cette situation que l'on peut introduire la notion de fracture sociale. Cette notion rend compte de la perte d'un sentiment d'appartenance à un projet commun soutenu par des valeurs républicaines, qui trouvent leurs racines dans la Révolution française.

Chapitre II

LA FRACTURE SOCIALE COMME PERTE DE RÉFÉRENTS D'APPARTENANCE

Y a-t-il un consensus social s'appuyant sur une appartenance identitaire ?

I. – Modification des échelles d'appartenance

Il existe plusieurs identifications possibles pour les groupes sociaux.

Le sentiment d'appartenance des populations passe tout d'abord par les limites de leurs territoires.

1. **La notion de territoire et, plus généralement, celle de citoyen.** – En France, l'organisation territoriale repose principalement sur trois niveaux d'administration : la commune, le département et la région. La commune est le plus petit échelon administratif. Il en existe aujourd'hui plus de 36 000, et 85 % des communes ont moins de 2 000 habitants.

Le pouvoir de ces entités territoriales, devenues « collectivités » territoriales, a été renforcé par les lois de décentralisation de 1982-1983. Ces lois de décentralisation signent la perte de la « toute-puissance » de l'État jacobin. « Au-dessus » de la commune, deux entités de décision s'affirment de plus en plus : avec la loi du 2 mars 1982, le conseil régional est créé, et le rôle du conseil général est étendu.

Les compétences propres du département concernent essentiellement l'action sanitaire et sociale, l'équipement rural, la voirie départementale et les dépenses d'investissement des collèges. D'autres mécanismes interviennent qui confirment ces redistributions[1].

On retrouve constamment, implicitement ou explicitement, une référence à la Révolution française, à travers la manifestation de l'État centralisateur ou du pouvoir des régions. C'est l'éternel débat des « girondins contre les jacobins ».

Par ailleurs, aujourd'hui, la perte de la compréhension du sanctuaire territorial affaiblit encore davantage la représentation de la « toute-puissance » de l'État, et l'on éprouve même des difficultés à comprendre le concept de patrie tel qu'il fut véhiculé depuis la Révolution jusqu'à la fin de la guerre d'Algérie.

Parallèlement à cet amoindrissement symbolique de la puissance de l'État et à la délocalisation du pouvoir de décision, on assiste à un mouvement qui a rendu floue l'appartenance à un territoire. Le mouvement est celui de la construction européenne. Depuis la fin de la guerre, les populations sont témoins (plutôt qu'acteurs) du mouvement tectonique de cette construction qui se réalise autour de 2 axes :

– la collaboration économique, avec la création d'une entité économique et, depuis peu, d'une monnaie unique, l'euro[2] ;

1. Loi sur les transferts de compétences de 1983.
2. Créée par le traité de Maastricht de 1992.

– la construction politique : politiques sectorielles, et tentative de position commune sur la politique étrangère.

Tout d'abord, le premier axe de construction de l'Europe a été celui d'une entité économique, sous l'impulsion notamment du plan Marshall (1947-1948). Dans ce cadre, et afin de coordonner les aides d'après guerre, les pays européens impliqués ont créé l'Organisation européenne de coopération économique, devenue OCDE en 1960, premier échelon d'une entente économique.

Puis la construction européenne s'est poursuivie autour d'une politique sectorielle : la CECA en 1951 (le charbon et l'acier) de la Politique agricole commune (PAC) en 1979, pour aboutir en 1957 aux traités de Rome instaurant la CEE (Communauté européenne économique) pour six pays européens (Belgique, France, Allemagne, Italie, Luxembourg, Pays-Bas) et l'Euratom (Communauté européenne de l'énergie atomique). L'Europe économique était née.

Mais l'Europe économique, pour être efficace, a intégré peu à peu les pays nouveaux. On a assisté ainsi à des mouvements d'élargissement de l'Europe : au Royaume-Uni, au Danemark, à l'Irlande (1972), à la Grèce (1979), au Portugal et à l'Espagne (1986) puis à la Norvège, à la Suède et à la Finlande (1992).

Avec la monnaie unique, le processus d'élargissement se poursuit en se tournant vers les pays européens de l'Est.

Cependant, l'Europe apparaît plus comme une juxtaposition de différentes citoyennetés nationales que comme une entité publique. De ce fait, la citoyenneté nationale est certainement moins ressentie que par le passé. Économiquement et culturellement, les populations vivent avec des références qui vont bien au-delà de leurs références nationales.

Actuellement, on se trouve par conséquent devant la perception d'une citoyenneté nationale qui s'effrite et d'une citoyenneté européenne (ou d'un sentiment d'appartenance) qui reste à ancrer.

À terme, le risque est d'assister à la mise à mal des fondements de la République telle qu'elle a été proclamée à la Révolution, et de voir s'affronter une sorte de vaste intégration un peu floue contre la coexistence des communautés.

La création, en Europe, d'axes de communication, et de régions européennes au-delà des frontières se superposant aux échelons administratifs français, peut engendrer des communautés, de fait, industrieuses qui modifient les frontières traditionnelles.

Il existe des régions européennes au-delà des frontières nationales : Région Rhône-Alpes - Alsace - Autriche - Suisse.

Cela entraîne un brouillage de la perception de la conception traditionnelle des pays et un affaiblissement de la notion de frontière et de patrie (telle que pouvaient la percevoir les citoyens à l'époque des grandes crises de la nation : 1848-1870 et 1914-1918). Pour le moment, cette remise en cause de la notion de patrie et de citoyenneté représente une perte car nous n'avons pas encore accédé à la conscience d'une citoyenneté européenne. Cela pose la question du référent de notre communauté : De quelle entité sommes-nous les citoyens ? d'une région, d'un pays, de l'Europe ?

L'Europe peut-elle apparaître à terme comme référent identitaire, mais quand ? S'agit-il d'une patrie utopique ?

Comme nous l'avons déjà évoqué au début des années 1970, et jusqu'à nos jours, une immigration de masse extra-européenne est apparue. Comment intégrer aisément ces populations sans l'aide des mécanismes traditionnels, famille, école, service militaire, culture, notion de patrie ?

Or le sentiment d'appartenance passe aussi par le fait d'appartenir à un groupe plus large, la nation. La fracture sociale est renforcée par la perception d'une menace de décohésion, du changement des référents traditionnels, du brouillage de la notion de patrie, de l'apparition de comportements plus individualistes et plus communautaires qui semblent entamer, sans le faire dans les faits, la perception de l'État fédérateur.

Certains médias évoquent une France « pluriethnique et multiculturelle » ; de fait, on assiste à une modification de la notion de citoyen telle qu'elle a été définie par la Révolution française.

Aujourd'hui, l'intérêt des citoyens semble se reporter sur leur région d'appartenance. On perçoit d'ailleurs à travers les médias, notamment, un encouragement à la multiplication des particularismes (par exemple, les langues régionales – projet J. Lang, la Corse, les Bretons...) qui ne mettent pas directement en cause la cohésion nationale mais posent le problème de l'identité de la citoyenneté européenne. La citoyenneté semble devenir « multi-ethnique et pluriculturelle » et ne se définit plus si facilement.

2. **Modifications des images tutélaires.** – Ces modifications impliquent une interpellation, voire, dans

certains cas extrêmes, une remise en cause de la légitimité des autorités (que l'on songe aux crises basque, corse, bretonne...).

Mais, dans le même temps, avec le reflux de l'autorité de l'État et de son dirigisme, avec l'évolution des mœurs et l'avènement de la Société mondialisée, on assiste à une érosion de la représentation et de la légitimité de l'autorité traditionnelle : justice, enseignement, fiscalité, institution, santé, jusqu'à la police, la gendarmerie, ou même l'autorité parentale. Cela se traduit par une remise en question des symboles qui perdent leur place de référents (le médecin, le professeur, l'instituteur, le curé...).

Sans doute le public est-il mieux informé et plus mûr, et les modèles plus ouverts, plus libéraux, moins enclins au « paternalisme ». Les référents figés ont changé, au profit d'un « politiquement correct », de la régulation de « l'air du temps », et les cadres sociaux sont désormais fluctuants. Le « socialement acceptable » est perçu très différemment d'une génération à l'autre, ce qui engendre parfois des incompréhensions.

Mais ces pertes de référents sont également souvent ressentis comme une perte de sens, d'autant que la société dans laquelle nous vivons, si elle peut être qualifiée de permissive dans ses mœurs, reste encore extrêmement cadrante dans son administration et sa gestion. D'où l'apparition de groupes de pression sectoriels, ou de particularismes (organisés en fonction des médias) en direction de l'opinion, donc du politique, ce dernier tentant de retrouver une dynamique dans la rigidité de cadres conceptuels trop figés, sous couvert de lutte et de conquêtes sociales. Cela génère des tensions extrêmes, des comportements individualistes et corporatistes au sein d'une culture organisée en piliers étanches et hermétiques qui réfèrent à d'anciennes gestions, et une conception de l'organisation du travail en décalage avec la réalité sociétale du moment.

Il n'y a pas, à proprement parler, de valeurs intrinsèques, que l'on peut qualifier de « bourgeoises », ou du moins, si elles existent, confrontées désormais à l'épreuve d'une société extrêmement mobile ; elles ne sont plus opérationnelles. Les valeurs dites « bourgeoises » ont évolué vers des valeurs liées à la réussite sociale, à la sécurité de l'emploi et à la consommation. Les politiques ne proposent plus de société de rupture, ni des rapports économiques et sociaux foncièrement différents ; si les partis politiques se situent traditionnellement entre toutes les tendances de la droite, et toutes celles de la gauche, en réalité on peut décrire ces forces comme distribuées en deux grandes tendances : les progressistes et les conservateurs, mais tous deux se référant à un projet de société identique. Ainsi, la fracture sociale passe aussi par l'effacement d'une perspective de changement radical de la société.

Dans cette société sans représentation tutélaire s'organisent des logiques locales d'appartenance (service public, entreprise, concept d'entreprise citoyenne, etc.) sous forme d'archipels qui, loin de représenter le projet commun, accentuent encore la crise identitaire. Et ces replis identitaires sont générateurs de violence dans les rapports entre groupes et individus, ils introduisent des modes d'échange plus difficiles que dans une société policée et bien cadrée.

II. – La société du désir et du vide, révélateur de la fracture sociale

1. **La souffrance psychique.** – L'exclusion peut apparaître comme une souffrance impossible à exprimer, et non recevable par les institutions, les professionnels, voire les personnalités compétentes, donc non traitable. Elle se traduit par une incompréhension mutuelle entre les personnes et les tribunes institutionnelles où elles pourraient s'exprimer.

Cette souffrance psychique est caractéristique de la perte du contrat implicite qui lie les hommes entre eux, à leur groupe, aux institutions, au projet de société et, donc, au consensus commun.

Elle s'exprime différemment selon l'ancrage et l'insertion dans la société : sous forme de nostalgie chez les vieilles personnes, d'angoisse chez les plus jeunes, de désolation et d'abandon chez les grands exclus. Elle traduit la disparition du projet symbolique de transcendance et d'espérance implicite qui sous-tend toute société. Jusque dans les années 1960, cette espérance signifiait « progrès social » ou « ascenseur social ». Désormais, le ressort de dynamique symbolique est abandonné et personne n'y fait plus référence.

La perte de ce référent symbolique transcendant se traduit également par une décrédibilisation des interventions tutélaires et une violence dans les relations interpersonnelles, l'institution, en retour, adoptant une attitude défensive.

Il n'y a pas de demande précise ni d'envie d'établir de lien ; au contraire, celle-ci se traduit par une symptomatologie diffuse, diverse, souvent agressive, inconsciente et complexe, et touche toutes les représentations symboliques du temps, de l'espace, du corps, du groupe de l'institution et du politique pour les remettre en question.

La souffrance psychique signifie également la disparition des schémas mentaux qui garantissent le sens de sa légitimité dans la cité et, d'une manière plus globale, dans le monde.

La civilisation de l'image conteste cette légitimité et rend les sociétés extrêmement vulnérables aux rumeurs et aux chocs de l'actualité. À titre d'exemples, on peut citer l'écho de la mort de Diana, celui des attentats du 11 septembre 2001 aux États-Unis, etc. On peut considérer qu'êtres et groupes sont en état de « surfusion » où tout événement marquant, ou repéré comme tel par les médias, peut être déstabilisateur. Ce point de vue peut s'appliquer aussi bien aux individus qu'aux groupes et, par extension, à la société tout entière.

Pour reprendre l'analogie avec la fracture dans sa signification médicale, qui met en évidence une douleur diffuse appelée également « douleur exquise », cette souffrance psychique et sociale est diffuse, indicible, et ne sait pas se formaliser. Elle manifeste la symptomatologie de ces vacillements de représentations.

L'une des manifestations sociétales de la souffrance psychique se traduit par un phénomène social apparu dans les années 1970.

2. **La toxicomanie**[1]**.** – La massification de l'usage de drogues a débuté dans les années 1970 avec

1 . D'après les travaux du Dr Julien Emmanuelli.

l'apparition de nouveaux contextes d'usages, fondés sur des idéaux tour à tour contestataires et libertaires, ayant en commun un même rejet des normes sociales de leur époque. Sous des aspects différents (*beat generation,* mouvement hippie, culture *underground*), ils remettent d'abord en question l'ordre établi en valorisant l'expérience subjective et la liberté de se construire en dehors des références traditionnelles. La drogue y est présentée sous un jour sophistiqué, comme un moyen de stimuler sa créativité et de s'affranchir de la société[1]. Plus tard, dans les années 1980, un matérialisme hédoniste, hanté par la quête de confort émotionnel, succède au désir de transformation de soi et du monde. En consommant des drogues, on cherche alors moins à changer la réalité qu'à l'oublier momentanément. Une décennie plus tard, l'usage de psychotropes, toujours moins maîtrisé, ne correspond plus à aucune cause revendiquée. Vidé de toute charge idéologique, il se définit pratiquement en creux comme une manière de s'abstraire de soi, de renoncer à toute responsabilité. Conjugué aux effets dévastateurs de l'épidémie de sida et à la précarisation croissante de la population des consommateurs, l'usage de drogues apparaît surtout comme une pratique mortifère liée à un besoin informulable d'échapper à la douleur d'être, reflet tragique de l'anomie qui règne dans un monde désenchanté par l'échec des utopies sociales, l'obsession marchande et les progrès d'une science sans conscience.

Les causes de la toxicomanie sont complexes, sur-

1. Tony Anatrella, *La liberté de détruire,* Flammarion, 2000.

déterminées par une intrication de facteurs biographiques et sociaux.

Cependant l'usage de la drogue comporte une dimension personnelle ; au-delà de la multiplicité de ses configurations, c'est toujours l'histoire d'une interaction défaillante entre un individu et son environnement, bien avant qu'il ne rencontre le produit. En un sens, il ne devient pas toxicomane, mais il l'est en puissance depuis l'enfance. Par l'intensité et la profondeur des remaniements psychiques qui la caractérise, l'adolescence expose naturellement à l'usage de drogues. C'est l'âge de la prise de risque, où l'individu doit partiellement se déconstruire avant de prendre sa forme adulte. L'autonomie de la personne à venir passe par une remise en question, souvent douloureuse, des références parentales qui balisent les contours de son psychisme. Or la drogue porte en elle la promesse d'atténuer cette souffrance, tout en lui donnant un semblant de réponse. Elle représente un comportement transgressif qui participe à un élargissement du sentiment de soi, mais sans notion de travail intérieur ni de douleur associée. Par sa manière de faire écho à la problématique adolescente, la drogue fait donc figure de grande tentation de cet âge. Et, de fait, l'écrasante majorité des usagers de drogues ont débuté leur consommation entre 16 et 20 ans.

Estimer le nombre d'usagers de drogues relève d'une gageure difficile, si ce n'est impossible. Du fait du caractère illicite de leur pratique, ces personnes ne sont généralement repérables qu'au moment où leur consommation devient problématique, au point d'induire des contacts avec les institutions. Ainsi, il y aurait en France entre 150 000 et 180 000 usagers de drogues[1] que leur consommation exposerait à des complications sanitaires et/ou sociales, parmi lesquelles on peut citer pêle-mêle les infections aux virus du sida et des hépatites, les surdoses, les atteintes cardiaques, les abcès, les troubles psychiatriques, les ruptures d'ordre divers (famille, institutions, travail), les interpellations pour infractions à la législation des stupéfiants, suivies ou non d'injonctions thérapeutiques, l'incarcération...

L'usage de drogue interpelle notre société ; s'il lui pose un problème de santé publique difficile à traiter, les usagers ont aussi beaucoup à apprendre à la communauté des hommes. Pour partie, l'errance mortifère du toxicomane renvoie en effet aux dysfonctionnements des sociétés modernes que leur peur de la mort et leur rejet de toute médiation transcendante amènent à subordonner l'expérience d'un manque, inhérent au statut d'homme, à la satisfaction de besoins matériels. Jeunisme, survalorisation des émotions, consumérisme compulsif, grégarisme fusionnel, exacerbation de l'individualisme au détriment du bien commun, scientisme tout-puissant... sont autant de symptômes d'une pensée d'âge pubertaire où l'émergence du sujet et la reconnaissance d'autrui sont entravées par un déni de l'ordre du symbolique. Conditions de brouillage identitaire favorables à l'essor d'une toxicomanie de masse qui réalise, en retour, une caricature du commerce et du repli dans l'imaginaire qui caractérisent ces sociétés

1. Rapport *Indicateurs et tendances 2000,* Observatoire français des drogues et des toxicomanies.

modernes. La drogue est, d'un certain point de vue, le produit de consommation par excellence, capable de susciter une dépendance assurant sa pérennité, parfait objet d'un marché où l'offre renforce toujours la demande. Et, par ses effets psychotropes, elle donne pour ainsi dire corps à une rêverie infantile, où sujet et objet, espace intérieur et monde du dehors se confondent dans une douloureuse indifférenciation. Ce règne de la virtualité n'est pas sans rappeler certaines outrances de la société du spectacle et de la révolution numérique.

3. **La violence et l'insécurité.** – La souffrance psychique, qui peut apparaître comme une régression des formes contractuelles qui nous soutiennent et nous unissent avec les autres et les institutions, peut mener à la violence de l'individu contre lui-même, mais également contre la société. Si cette violence augmente et se multiplie, il naît alors pour les autres un sentiment d'insécurité.

« Indistinction pulsionnelle qui fait ressortir la montée de la pulsion comme violence et non comme désir, vulnérabilité de la blessure narcissique en raison de la faiblesse ou des failles de l'enveloppe psychique, sensation diffuse de mal-être, semblant de ne pas habiter sa vie, de voir fonctionner son corps et sa pensée du dehors, d'être le spectateur de quelque chose qui est et qui n'est pas sa propre existence » (Didier Anzieux, *Moi-peau,* Paris, Dunod, 1985, p. 29).

Il faut alors distinguer la violence structurante du désir, y compris celle de l'autorité, de la violence destructrice qui naît de l'exclusion, de l'anomie et de la désymbolisation.

René Kaës[1] distingue trois aspects de la violence : celle du rejet subi, celle de la violence non reconnue, et celle, structurante, associée au désir de soin et de réinsertion. Les institutions sont porteuses de cette violence.

III. – Les spoliations de la société actuelle, génératrices de la « fracture sociale »

C'est là que se situe le plus clairement le concept de « fracture sociale ». Depuis une vingtaine d'années, avec l'apparition, en particulier, de la civilisation de l'image, la désymbolisation du réel oblige à « traiter » en direct les relations avec le monde. Il n'y a plus de possibilité d'expression pour une conduite ritualisée, comme, par exemple, les « codes » traditionnels de politesse ; cet appauvrissement des conduites symboliques oblige à manifester l'expression immédiate, souvent violente, par la gestuelle, la parole, voire, chez les personnes frustres, les actes, ce qui génère une impression de violence latente et un sentiment d'insécurité, puisque les personnes et les groupes ne se sentent plus protégés par un consensus codifié de la société.

La « fracture sociale » témoigne d'une insidieuse perte de sens.

1. **La santé comme spoliation.** – Des champs entiers de la culture et de la connaissance ont perdu en quelques années la signification dont ils étaient porteurs

1. Professeur de psychologie à l'Université de Lyon II ; Désymbolisation, in *Rhizhome,* juillet 2001.

depuis des temps immémoriaux. L'approche de la médecine, dans sa quête d'une santé utopique, l'illustre particulièrement.

À l'origine, et traditionnellement, les sociétés sont à la recherche du guérisseur, et les héritiers du guérisseur de la tribu primitive ont produit toute une série de filiations :

- le prêtre ou le guide spirituel reconnu ;
- le psychiatre, le psychologue ou le psychanalyste ;
- les pratiquants de médecine holistique (énergétique-homéopathique...) ;
- le médecin spécialiste ou hospitalier ;
- le médecin généraliste.

Jusque dans les années 1970, le médecin généraliste était implicitement le dépositaire direct de l'ensemble de cet héritage, très atténué cependant. Il avait, dans la cité, et de manière informelle, cinq fonctions :

Tout d'abord, et logiquement, celle du médecin, dont le rôle consistait à dépister, diagnostiquer, à donner une thérapie.

Il était aussi un guérisseur, une « autorité » possédant obscurément un pouvoir de guérison (effet placebo, médecine psychosomatique).

Mais il remplissait le rôle également d'un médiateur familial : médecin (dit de « famille ») immergé dans les familles, il apaisait les tensions dont il connaissait les ressorts intimes.

Il était aussi un médiateur social : médecin généraliste implanté dans la communauté, son autorité et ses réseaux lui conféraient une crédibilité sociale.

Enfin, il était considéré comme un accompagnant fraternel : il était le témoin du cheminement « biologique » de ses malades, et se trouvait aussi bien à la naissance qu'au chevet des mourants dont il connaissait, pour les avoir « aidés », l'environnement socio-affectif.

Contrairement au médecin, l'hôpital était le lieu de recours, avec le spécialiste qui se trouvait être un renfort quand la maladie dépassait ses connaissances ou ses moyens thérapeutiques. Mais l'hôpital était perçu comme redoutable, et si possible à éviter, et les grands malades mouraient dans l'environnement familial. La mort était comprise comme la fatalité biologique de toute existence, aussi bien par le médecin que par le malade.

Les maladies, le plus souvent infectieuses, étaient perçues à travers leurs séquences temporelles : incubation, maladie déclarée, convalescence, guérison ou mort.

Les accidents domestiques, ou de circulation, étaient perçus, eux, comme des épisodes tragiques des destinées, et les maladies chroniques ou héréditaires, comme des aléas humains avec lesquels il fallait composer.

Avec l'arrivée de molécules très puissantes (antibiotiques, corticoïdes, psychotropes) et de moyens d'investigation et thérapeutiques sans précédent (cardio-chirurgie, hémodialyse, interventions très lourdes), peu à peu l'exigence thérapeutique a été placée au cœur du contrat médecin-malade, mais surtout de la guérison.

Les séquences de temps se sont raccourcies avec les thérapeutiques extrêmement efficaces, jusqu'à déboucher sur la notion d'urgence immédiate.

C'est ainsi que, peu à peu, l'axe du système de santé

s'est déplacé, un peu partout en Occident, vers l'hôpital, avec ses spécialistes et sa technicité qui sont devenus le pivot et le référent de la médecine.

À la fin des années 1960, des slogans arrogants ont pu être diffusés pour une opinion prête à les recevoir. La définition de la santé de l'OMS est à cet égard significative : « La santé est un état de complet bien-être, non seulement physique et psychique, mais social, et ne consiste pas seulement en une absence de lésion. »

Par ailleurs, l'affirmation d'objectifs de « santé pour tous » par la conférence d'Almata (12 septembre 1978) a défini un système idéal, par l'intermédiaire d'une pyramide, d'un système social qui part des soins de santé primaires jusqu'à l'hôpital de référence. L'hôpital et les spécialistes vont drainer tout le système de soins, et le médecin généraliste ne sera désormais, dans les faits, qu'un dispositif d'amont pour diagnostiquer, orienter et éventuellement « récupérer » les malades traités à leur sortie de l'hôpital. Les accidents lourds, les maladies sévères seront même pris en charge dès le début, et en urgence, par l'hôpital lui-même (système des SAMU), et il existe donc une « coupure » radicale entre la médecine de ville et la médecine hospitalière.

La coupure est d'abord conceptuelle : les différents médecins communiquent mal (les médecins de ville ne pratiquent pas à l'hôpital).

Mais elle est aussi économique, la majorité des médecins de ville travaille à l'intérieur d'un système de soins privés (quoique leurs actes soient codifiés, quantifiés et remboursés par la Sécurité sociale), la médecine hospitalière relevant d'un système public (sauf pour les cliniques privées, bien sûr).

Enfin, la coupure est également intellectuelle : la conception du soin hospitalier étant uniquement axée sur une approche pragmatique de la maladie, c'est à ce moment que l'on fait le distinguo entre le *cure* (le soin) et le *care* (prendre soin). Le *cure* étant largement paramétrable, c'est cette approche qui va présider à la définition des cartes sanitaires et des schémas de soins.

On conçoit que l'hôpital ait littéralement fait « exploser » la conception millénaire du rôle du médecin avec ses cinq fonctions, pour ne pas garder celle, extrêmement puissante et efficace, dévolue au *cure,* mais grandement réductrice. Cette évolution s'est produite dans les trente dernières années.

Mais l'hôpital, drainant tous les malades, avec comme objectif leur guérison, est également un lieu de grande souffrance et de mort : 70 % des citoyens de ce pays meurent dans l'enceinte de l'hôpital, car la société n'est plus apte à accueillir le mourant à son domicile.

Au contraire, le médecin généraliste était entouré d'une charge symbolique due à sa lignée et à sa notabilité dans la cité.

Mais la mort, bien qu'elle soit un phénomène quotidien (puisque l'hôpital est de plus en plus l'endroit où les citoyens en bout de vie viennent mourir), en réalité n'a pas été intégrée, et elle est considérée comme un échec de la thérapeutique, donc un échec médical, elle n'est pas perçue comme naturelle et n'est plus ritualisée.

Le public est partagé entre le regret de cette médecine chargée de sens et d'accompagnement, et l'exigence d'une médecine de pointe poussée au point qu'on lui demandera non seulement une obligation de moyens, mais également quasiment une obligation de résultat – celui de garantir, en quelque sorte, l'immortalité.

2. **Une autre spoliation de notre société : la représentation du vieillissement.** – Avant les bouleversements des trente dernières années, les personnes vieillissantes, si elles abandonnaient peu à peu les activités du travail qui rythmaient leur vie quotidienne, se repliaient à la retraite sur la sphère privée, en étant pour leurs petits-enfants les transmetteurs des rites et valeurs de leur génération. Cette transmission était illustrée par la traversée de grands événements tels qu'une guerre ou une grave crise de société, et les comportements acquis au cours de ces épisodes.

Le vieillissement représentait certes des pertes : baisse de mobilité, baisse de vision, d'audition, usure et fragilité des organes, mais, après la retraite, n'ayant plus à inscrire leur temps individuel dans le temps de la collectivité, les personnes âgées pouvaient, en se repliant également sur l'espace du quartier ou de la maison, représenter la continuité des valeurs du temps qui passe et l'affection à manifester aux enfants pour aider à les faire grandir.

Leur histoire, par un arrangement de leur mémoire, devenait en quelque sorte mythique et servait de référence pour l'aventure humaine que les enfants allaient devoir construire.

Il était naturel que le lien familial se resserre autour de ces personnes qui, petit à petit, sans participer à la production matérielle de la collectivité, « produisaient » en quelque sorte pour l'entourage des liens de sens et d'affection, ce que l'on a appelé les liens intergénérationnels. Il était également évident que les enfants, ayant été à la charge des parents, s'occupent de ces derniers qui retournaient à la charge de leurs enfants. Les vieux pouvaient alors préparer leur mort. Psychologiquement, physiologiquement et spirituellement, puisqu'elle était l'aboutissement et l'événement culminant de toute leur vie.

Mais le rythme d'une vie citadine, l'habitat, l'éclatement des familles, leur recomposition, ont favorisé l'apparition d'une fracture à la fois sociale et psychologique entre générations. Le logement, et en particulier le logement social, n'accepte plus en son sein que deux générations, et les liens affectifs naturels se distendent, voire se rompent.

Les institutions médicales et sociales, établissements, maisons de retraite, foyers deviennent par défaut des lieux de refuge pour accueillir ou recueillir les personnes âgées, qui ne peuvent vivre avec les enfants ayant fondé une famille, et les petits-enfants.

Pour la première fois dans l'histoire de notre société, à cause des progrès de la médecine toute une tranche de population en très grand nombre parvient à la vieillesse (l'âge moyen de perspective de vie étant de 90 ans), sans que l'on ait anticipé ou préparé cette évolution ; de plus, parmi tous ces vieillards, un grand nombre, du fait même de leur survie, seront handicapés physiques ou mentaux et auront besoin d'assistance.

La réponse actuelle à ce phénomène n'est satisfaisante ni quantitativement (manque de places dans les logements et dans les institutions), ni qualitativement : la représentation de la vieillesse est dévalorisante en l'absence de liens socio-affectifs. Notre environnement culturel n'est pas préparé à cette arrivée de « masse » et toute une partie de la population va se trouver exclue de fait.

IV. – L'exclusion comme conséquence de la fracture sociale

L'exclusion peut apparaître comme le témoignage de la souffrance sociale due à la perte de représentation sociétale, du groupe, du corps, du temps et de l'espace.

Plus on est atteint par le processus de l'exclusion, moins on maîtrise la représentation de soi-même et de l'environnement. Naturellement, cette perte est encore plus caricaturale dans la grande exclusion, mais même un individu bien inséré dans la vie sociale peut souffrir dans ses représentations mentales, corporelles, temporelles, spatiales.

1. **La perte de représentation du corps.** – On est frappé, parfois, de constater l'état précaire de santé des personnes exclues, malgré l'information et la médiatisation concernant la santé dont nous sommes l'objet, et malgré les lois et la protection sociale.

Dans le domaine de la santé et par extension pour le corps, le symptôme révélateur est celui des urgences. On ne va consulter le médecin que lorsqu'il y a apparition de troubles ou de douleurs. Toutes les campagnes pour l'éducation et la prévention semblent difficiles à mettre en œuvre pour la majorité des citoyens, mais plus particulièrement pour les personnes souffrant d'exclusion.

Les témoignages des médecins et infirmiers travaillant au contact de la très grande exclusion sont significatifs quant à la perception du corps et de la souffrance pour cette population. Pour ces médecins et infirmiers, les lésions organiques que présentaient les malades qui se rendaient à la consultation spécialisée de Nanterre pour la grande exclusion par exemple, étaient très sévères. Pourtant, aucun de ces patients ne formulait de plaintes ni de demandes. Et c'est souvent le personnel administratif ou d'encadrement ayant observé, sous la douche collective, de grandes et profondes plaies infectées, des éruptions ou des traces de coups, qui les dirigeaient vers la pièce de soins.

Ces plaies étaient littéralement historiques. Parfois, les médecins repéraient des pansements cartonnés, figés de crasses et de pus, jamais ôtés et jamais refaits depuis des mois. Parfois, c'étaient des ulcères géants prenant toute la jambe, creusés, purulents et couverts de vermine. Parfois encore, c'étaient des artérites qui avaient été transformées en gangrène des orteils. Il arrivait aussi que la chaussette ou le pansement soient incrustés sous les chairs. Le corps entier portait des marques d'anciens traumatismes ou d'hématomes et les lésions de grattage infectées par les parasitoses ou les poux étaient une des constantes qu'on relevait fréquemment. Pourtant ces malades semblaient indifférents à leurs redoutables plaies, ils n'exprimaient aucune plainte, aucune inquiétude, et ne manifestaient pas de désir de se faire soigner.

Depuis la multiplication des dispositifs de secours et d'hébergement, on ne voit plus de telles lésions, mais cette relation aux soins est révélatrice de leur relation à leur propre corps, relation qui perdure malgré les lois et les dispositifs.

Il est possible d'essayer de comprendre les mécanismes qui ont conduit les malades à se désintéresser d'eux-mêmes.

Ils savaient, de par leur apparence hirsute, menaçante, ivre, sale et puante, qu'ils n'avaient aucune chance d'être pris en compte par qui que ce soit. Eussent-ils voulu, dans un geste transgressif qu'ils n'accomplissaient d'ailleurs pas, pousser la porte d'un cabinet de consultation, d'un médecin de ville, toute la salle d'attente se serait levée et serait partie. Ils avaient observé qu'ils ne devaient pas se montrer au café, au cinéma, dans des lieux publics ; ils avaient observé également que, dans le métro, personne ne venait s'asseoir auprès d'eux, et que les passants faisaient un crochet pour éviter d'avoir à les frôler ou même à les regarder. Et ils se sentaient invisibles au regard de l'autre.

Quand on n'existe pas dans le regard de l'autre, on n'existe pas dans son propre regard, et les structures mentales qui auraient dû les maintenir dans la connaissance implicite de leur corps avaient été atteintes, voire détruites. N'existant pas pour l'autre, ils n'existaient pas pour eux-mêmes, et leur corps était à l'abandon.

C'était leur ultime tribune, qui leur permettait d'exprimer passivement par leurs plaies leur inexistence.

Ne sollicitant pas les institutions de soins, celles-ci les ignoraient, dans la mesure où la rencontre physique ne se faisait pas et ne pouvait se faire.

Dans la société actuelle, le corps est perçu comme

une « machine » avec l'usure de ses pièces, et non comme une valeur en soi.

D'un certain point de vue, la médecine est comprise dans la symptomatologie de la réparation. Par analogie avec les objets de la vie quotidienne, comme le frigidaire, le téléviseur et surtout la voiture, le corps est perçu comme une machine, et l'information ambiante, médiatique et télévisée, le confirme sans cesse : comme on apporte une voiture au garage on doit porter son corps au spécialiste adéquat (ophtalmo, oto-rhino, dermato, gynéco, etc.).

Dans les années 1950, il n'existait plus ou moins, aux yeux du grand public, que 6 spécialités (médecine, chirurgie, psychiatrie, pédiatrie, gynécologie, obstétrique).

Aujourd'hui on en connaît au moins 55.

L'exclusion est en fait une méconnaissance du corps dans sa globalité, ou un désintérêt de son corps comme partie prenante liée du psychisme et de l'environnement. On peut même dire que la constante de l'exclusion réside dans l'altération des facultés de négocier avec l'environnement.

La première atteinte occasionnée par l'exclusion est donc la représentation du corps et de son fonctionnement. Il existe pourtant des repères : les médias montrent des corps jeunes, resplendissants, des patriarches en bonne santé, mais les représentations ne correspondent en rien à l'image des personnes exclues affligées de dentures altérées, usées par le tabagisme ou l'alcoolisme... La demande qui est exigée dans l'immédiateté (urgences) consiste à remettre aussi vite que possible le corps atteint injustement dans son bon fonctionnement, en état de marche normalisée.

2. **La perte des repères du temps.** – Pour les personnes exclues, le temps personnel n'est plus inscrit dans le temps collectif. C'est d'ailleurs une constante de nos sociétés façonnées par la culture médiatique que cette absence de faculté à se situer dans le temps. Les médias diffusent « l'actualité » ; elles n'ont donc pas de mémoire ou de projet. Or, pour les personnes les plus fragiles, cela représente un véritable handicap de ne pas se sentir impliqué dans la flèche du temps.

Ce qui caractérise l'exclusion, pour toutes les catégories de population, réside dans la gestion de l'immédiateté.

Il n'existe aucun lien avec le passé (il n'y a pas eu d'élément marquant qui puisse être retenu et compris) et l'avenir est, de la même façon, inenvisageable.

Donc on s'occupe de « l'aujourd'hui » avec des gestes et du bruit (parmi certains symptômes de l'exclusion des jeunes : la musique forte, les gestes, la violence verbale).

Cette culture de l'immédiateté est une culture véhiculée essentiellement par la télévision, et est une manière moderne de décoder le monde. L'information est souvent coupée des racines et du temps historique et ne se projette pas dans l'avenir. La trame dramatique est réduite à l'émotion, avec plus ou moins d'intensité, et le « devoir de mémoire » est une pieuse utopie – la culture du présent n'offrant aucune possibilité de mémoriser.

Privé du déroulement de temps, il est très facile de basculer dans la désaffiliation parce que l'on ne possède pas de repères permettant la continuité.

Souvent, les jeunes chômeurs n'arrivent pas à considérer le temps utile et ne comprennent pas que le temps de la production est scandé par des horaires (c'est un temps vécu).

Il n'existe pas de possibilité de fixer de rendez-vous et ils sont souvent inopérants. Par conséquent, les médecins, les travailleurs sociaux, les éventuels employeurs n'ont pas la marge de manœuvre qui permet de capitaliser sur l'avenir et de construire des projets.

La notion de l'immédiateté, sans représentation schématique du temps qui passe, s'oppose à la notion de progrès. Le progrès sous-entend qu'une situation difficile provisoire peut s'améliorer, et que son statut peut changer. Il s'inscrit dans une flèche du temps dynamique.

Pour qui est dans l'exclusion, les choses ne peuvent ni empirer, ni s'améliorer. C'est une rupture culturelle avec l'idée que l'avenir va s'améliorer.

3. **L'absence de maîtrise de l'espace.** – On cite souvent le cas de certains « jeunes des cités » qui connaissent bien leur territoire mais guère plus. Ils connaissent quelques stations de métro, mais ne savent pas se diriger dans l'espace abstrait de la grande ville. Par exemple, leur difficulté de déchiffrer un plan est à cet égard significative.

En effet, elle implique que l'on fasse une distinction entre la notion de territoire et la maîtrise de l'espace, en général plus vaste, et qui fait appel à une capacité d'abstraction.

Pour les SDF, la notion de territoire est une notion importante, structurante du quotidien.

Pour les personnes sans abri, des études récentes[1] montrent que, même si ces personnes sont à la rue, elles ne sont pas pour autant sans territoire. Presque toutes les personnes en errance possèdent un territoire de référence. En fait, pour cette population, on a repéré des rythmes précis et une véritable organisation temporelle et spatiale scandant leurs journées et leurs emplois du temps : manger là, rencontrer ici, dormir ailleurs. Parallèlement à ces espaces partagés où sont accomplies des activités utilitaires, il existe des lieux privés et personnels.

Les espaces privés s'organisent autour du « territoire d'attache », qui correspond à des lieux investis matériellement, mais également affectivement. Il est surtout occupé, rejoint le soir et se trouve généralement à l'abri des regards, en retrait des espaces publics. Le territoire et les territoires perdurent comme un enjeu de socialisation. Mais ce qui est touché dans l'exclusion, et plus particulièrement dans la très grande exclusion, est la capacité de se mouvoir dans un espace plus vaste comme celui de nos villes.

Par conséquent, on peut dire que le temps, l'espace, le corps sont des facteurs d'insertion et que, si l'on ne possède pas bien ces codes qui paraissent naturels, on est déjà dans l'exclusion.

Dans le « monde » de la grande exclusion, en particulier parmi les personnes contactées par le SAMU social, 30 % présentent des pathologies psychiatriques reconnues et diagnostiquées, 80 % ont une addiction plus ou moins profonde à l'alcool, et l'ensemble souffre de « souffrance psychique », souffrance qui

1. Cf., notamment, l'étude de l'Observatoire de la grande exclusion, *La notion de territoire chez les personnes sans abri,* de Gisèle Dambuyant-Wargny, avril 2001.

conduit à l'apathie, la résignation ou, au contraire, à l'agressivité et au rejet.

Ces pathologies psychiques et psychiatriques ne trouvent pas de réponses adaptées car les institutions de soins et les professionnels ne savent pas aborder ces personnes que l'on peut qualifier, aussi bien par leurs comportements que par leur situation, de « difficilement atteignables », et pour qui l'on ne peut envisager de suivi de prise de médicaments à long terme.

Ces atteintes psychiques les condamnent à errer aux marges des hébergements et des institutions sanitaires, et ces patients se trouvent, à l'instar des objets postaux, en souffrance..., c'est-à-dire dans l'attente improbable d'une destination, prisonniers de leur propre souffrance indicible, de la souffrance propre des institutions qui ne savent plus les traiter ; c'est la négation même de l'espace et du temps : ces personnes sont là.

4. **Les phases de désocialisation ou le processus de désaffiliation.** – Pour comprendre l'exclusion et ses mécanismes, quatre phases ont été décrites par Alexandre Vexliard[1]. Nous pouvons les schématiser ainsi.

La première phase est celle de la revendication. Le sujet manifeste et demande de manière exigeante aux institutions des réponses à son état. Plus il revendique violemment, plus l'institution le rejette ; s'instaure ainsi un cercle vicieux – agression, rejet – qui se traduit essentiellement par l'échec : échec scolaire, échec de l'apprentissage, échec de l'hébergement, etc.

1. Alexandre Vexliard, *Le clochard,* Desclée de Brouwer, 1999 (1re éd., 1957).

Lors de la seconde phase, le sujet finit par comprendre qu'il y avait dans ce cycle un phénomène anormal et il ne désigne plus l'institution mais son comportement même comme inadéquat. Cette dépréciation de soi peut le mener au suicide, à la dépendance aux toxiques, à l'alcool.

Lors de la troisième phase, le sujet comprend qu'il est condamné à errer aux marges de la société et il semble accepter son sort de clochard, de vagabond ; c'est une apparente résignation (c'est la légende du clochard philosophe). Le pire ennemi de sa réinsertion, à ce stade, c'est lui-même.

Dans la quatrième phase, le sujet devient une victime. C'est l'abandon. L'institution doit aller à sa rencontre pour le secourir.

La victime est un thème récurrent de la modernité. Très souvent, les exclus ne sont considérés par les médias, et surtout par les institutions médico-psychosociales, que comme des victimes à qui l'on doit pitié et compassion.

5. **La perte du capital social, de la représentation sociétale.** – L'exclusion amène à perdre peu à peu la représentation des possibilités institutionnelles, puis la représentation de soi-même dans l'échange avec l'autre, puis la représentation de soi, c'est-à-dire la représentation symbolique de sa filiation et de son appartenance.

L'exclusion est la perte de ce capital implicite que l'on partage avec les autres.

Quand on n'établit plus de relations qui donnent un sens aux échanges, on perd alors la représentation de soi. Quand on sait que l'on n'intéresse pas les autres, on ne s'intéresse plus à soi-même.

L'exclusion, si elle concerne des groupes distincts de la société, n'est donc pas seulement un phénomène économique et de crise du lien. On comprend que les pauvres d'hier ne sont pas forcément les exclus d'aujourd'hui. On voit également que le phénomène est plus complexe que celui de l'absence de relations socio-affectives et de ressources, et qu'il est un bouleversement sans précédent des mœurs, des comportements, des rapports au travail et à la santé. L'information permanente donne lieu à des analyses et à des réflexions instantanées de la part des commentateurs, des journalistes et des personnalités « médiatiques », et il existe une compétition d'images entre les grilles classiques de lecture politique et le vécu consumériste des citoyens. Le monde de 2002 n'est plus décodable comme le monde des années 1970. Il n'y a pas de projet alternatif de société après la fin des modèles socialistes. La notion de « fracture sociale » est, certes, porteuse de l'antagonisme de deux mondes, mais ces deux mondes ne sont pas en compétition. Ils sont intriqués l'un dans l'autre, et la ligne de fracture, bien plus qu'une rupture sociale, culturelle et politique, est devenue beaucoup plus personnelle et concerne plus les individus que les groupes.

Mais l'exclusion n'est que la représentation extrême des phénomènes de société. Que l'on soit très bien inséré ou que l'on soit totalement désaffilié, la différence de perception de la fracture sociale réside dans le fait que les repères symboliques traditionnels (les « valeurs » d'une société) sont atteints plus ou moins, jusqu'à finir par devenir non pertinents. Mais dans les deux cas évoqués, il existe une perte de repère évidente.

Chapitre III

LA LUTTE CONTRE LA FRACTURE SOCIALE

I. – Les processus de réparation

1. **Rappel historique : la coercition comme lutte contre l'exclusion.** – Un logement, un travail, une famille, la gestion du temps, la santé physique et mentale, l'éducation, l'accès à la culture, à la consommation de biens, la libre jouissance de la citoyenneté, etc., représentent en fait un cadrage social. Ce cadrage change au cours des époques, et on comprend l'équilibre que représentent les modalités d'insertion. Jusqu'aux années 1960, ceux qui ne répondaient pas aux normes décrites ci-dessus comme un signe d'appartenance à un groupe social étaient représentés comme des éléments suspects, voire incontrôlables, éventuellement à surveiller, et les institutions étaient chargées du maintien de l'ordre établi et de l'« hygiène sociale ». Dans les cas extrêmes, des mesures d'« ajustement » coercitif étaient préconisées, et cette attitude dérivait d'une pensée du XIXe siècle qui parlait alors de « classes dangereuses ». Jusqu'en 1993, pour assurer l'homéostasie de la cité, il existait, pour contrôler la grande exclusion, un délit de mendicité et de vagabondage qui faisait qu'ils étaient réprimés par la police, la BAPSA (Brigade d'assistance pour personnes

sans abris – brigade de la préfecture de police créée en 1955). La prise en charge des « clochards » parisiens jusqu'en 1992 illustre bien ces mesures de coercition.

Le Centre d'accueil et de soins hospitaliers de Nanterre (CASH), anciennement appelé « Maison de Nanterre », existe depuis 1887. C'était une prison, plus exactement un dépôt de mendicité, où étaient adressées les personnes recueillies sur la voie publique, coupables du simple fait qu'elles erraient dans la rue.

D'ailleurs, cet établissement était géré par la préfecture de police de Paris, jusqu'en 1989. Par la suite, il a été transformé en établissement public de la ville de Paris.

Mais le préfet de police en reste toujours président du conseil d'administration.

Actuellement, le CASH de Nanterre comprend un centre d'accueil de 400 lits. Une maison de retraite, un hôpital polyvalent (hôpital Max-Fourestier : 290 lits) et surtout le CHAPSA (Centre d'hébergement et de soins pour personnes sans abris) qui regroupe un dortoir (250 lits), des lits d'infirmerie (50 lits) et une consultation médicale et sociale.

Sa vocation d'origine, qui était d'être un dépôt de mendicité, a peu à peu évolué, et, si les clochards et les sans-abris continuent à être ramassés dans les rues de Paris et dans le métro par la BAPSA et par les équipes du « recueil social » de la RATP (les « bleus » ainsi surnommés par la couleur de leur combinaison), ces sans-abris ne sont plus « ramassés » de manière coercitive, puisque le cadre juridique de cette opération n'existe plus.

Ils sont désormais amenés à Nanterre avec leur

consentement supposé, de manière volontaire et certainement plus professionnelle. Mais, pendant de très nombreuses années, ils étaient en quelque sorte « raflés » sur leur apparence et sans précautions particulières, sans que personne, aucune association, aucun responsable du monde social, ni de l'administration, n'y trouve à redire.

Quand les personnes étaient ramassées de force et poussées dans le bus, celui-ci faisait le tour des quartiers de la capitale et s'arrêtait aux endroits connus où elles étaient susceptibles de se cacher. Une « chasse à l'homme » se déclenchait brièvement dans le métro, les squares, les gares les personnes sachant ce qui les attendait. Elles montaient dans l'autocar, à l'arrière. L'habitacle du conducteur était protégé par une vitre épaisse.

Elles étaient livrées à elles-mêmes, souvent totalement ivres, sans pouvoir s'arrêter pour se soulager, avec leurs violences, leurs bagarres et leurs troubles psychiques. Quand l'autobus arrivait au CHAPSA, c'était dans une grande confusion, une bousculade d'êtres dépenaillés, dans une odeur indescriptible et un fouillis de cris, de paroles et de gestes incohérents. Tandis que l'on nettoyait le véhicule, ils étaient accueillis par des fonctionnaires, en blouse blanche de la préfecture de police, qui les enregistraient et maintenaient l'ordre, aidés par des auxiliaires (les « oranges », anciens SDF sortis de leurs rangs et hébergés au centre d'accueil du CASH).

Ceux-ci étaient chargés de pousser tous ces gens à l'enregistrement, au déshabillage et, surtout, à la douche collective. Ces personnels, sans formation particulière, n'avaient pas grande tolérance pour les clochards qui leur étaient confiés. Anciens de la rue, pour des minuscules salaires (800 F par mois) ils pouvaient voir à travers eux leur ancien statut et leur petite autorité, et ils les poussaient très souvent à la violence verbale ou gestuelle.

Après la douche, les personnes ainsi traitées pouvaient bénéficier d'un repas si elles arrivaient à l'heure des repas, d'un hébergement pour une nuit si elles arrivaient dans l'après-midi, tandis que leurs vêtements étaient étuvés pour détruire leurs parasites.

Puis l'autobus les chargeait à nouveau pour les abandonner aux portes de la ville ou dans les rues.

La très grande exclusion était traitée par une noria incessante de la BAPSA ou de la RATP. Mais la modification du Code pénal a permis une prise en charge plus humaine, notamment par le secteur associatif.

2. **Les dispositifs mis en place comme processus de réparation.** – Les dispositifs ne sont pas décrits chronologiquement mais logiquement, de la rue vers la réinsertion.

A) *La notion d'urgence sociale et le dispositif du SAMU social.*

– *La notion d'urgence sociale :* l'urgence sociale qualifie toutes les opérations entreprises comme des sauvetages, lorsque la personne est considérée comme une victime en perdition et que sa vie même semble en danger, à court ou moyen terme.

Il a été nécessaire de définir précisément l'urgence sociale car les dispositifs existants ne la percevaient pas clairement, en dehors d'actions comme celles de la BAPSA et du CHAPSA de Nanterre, encore était-ce là une action relevant plus de la coercition et de l'hygiène sociale que d'une véritable solution de secours.

Mais, il a été extrêmement difficile de faire admettre par les professionnels, les institutions et les décideurs ce concept d'urgence sociale, tant il est vrai que l'extrême précarité et l'extrême abandon psychologique et social ne sont que les résultats d'un lent processus, et que la demande de réparation et de restauration psychique et sociale ne s'opère pas dans l'urgence, mais au cours d'une longue période dite de réinsertion.

Cependant l'expérience avait montré qu'il existait des êtres en errance pour lesquels il fallait bien trouver une solution immédiate, ne serait-ce que provisoire et temporaire pour les mettre hors de danger, amorcer un contact et rechercher une dynamique de vie qu'ils ne pouvaient trouver d'eux-mêmes, et qui se chiffrerait en semaines, en mois, en années, et quand cette dynamique était envisageable.

Les pouvoirs publics l'avaient bien pressenti, qui lançaient (et qui lancent encore), chaque hiver, une campagne, et donc des budgets, pour l'hébergement d'urgence improvisé (dans des locaux vacants ou disponibles temporairement), appelée « campagne hiver solidarité », mais, les problèmes d'exclusion se posant (certes de manière plus aiguë l'hiver) toute l'année, il était logique de proposer un dispositif d'urgence pérenne.

Mais si, en matière de santé, les lésions provoquées par un accident de voiture, par exemple, ne font de doute pour personne, et si l'on admet volontiers que la victime ne peut être secourue qu'en urgence et dans des lieux très spécialisés, en étant assuré que la suite des soins sera maintenue jusqu'à la stabilisation ou le recouvrement complet de la santé, en matière d'urgence sociale, la situation n'est certainement pas identique. Il se pose très vite un problème de société : pourquoi les personnes sont-elles victimes, quelles sont les forces qui les ont réduites à cet état, et comment agir pour « réparer » psychologiquement et socialement le tort causé, pour remettre une victime dans les échanges sociaux hors des circuits de l'urgence ? Il faut de puissantes prises en charge, des personnels abondants et des dispositifs de réinsertion suffisants et cohérents.

Tout l'effort pour secourir les personnes à l'abandon, exclues socialement, butait sur l'analyse idéologique que faisaient les décideurs et les professionnels de ces ruptures sociales.

– *L'urgence sociale : outils et méthodes :* lors de sa création, le SAMU social a délibérément choisi le mot SAMU pour qualifier le territoire de son intervention. Il proclamait ainsi qu'il était un dispositif de l'urgence et que son champ d'intervention était celui de l'urgence sociale.

Le dispositif de recueil d'urgence, à l'instar du SAMU, dispose d'un numéro national d'appel unique, le 115 (qui fait suite au 0800 303 306, créé par le secrétariat d'État à l'Action humanitaire d'urgence), qui enregistre les demandes et propose conseils et solutions sur la majorité du territoire. C'est la FNARS (Fédération nationale des associations d'accueil et de réinsertion sociale) qui s'est vu confier l'essentiel de cette mission. À Paris, c'est le SAMU social, comme il a été décidé à sa création, qui gère cette fonction.

Le SAMU social de Paris dispose de 7 à 10 véhicules identifiés qui font, par analogie avec le SAMU (médical), office de SMUR, en se portant à la rencontre des victimes d'exclusions sociales. Le nombre de véhicules peut s'élever à 14 en temps de crise, quand les équipes de la protection civile, de la Croix-Rouge et de l'ordre de Malte se joignent aux équipes régulières du SAMU social. Leur mission consiste à aborder les personnes en grande difficulté qui n'expriment pas ou plus de demandes d'assistance, mais à les aborder avec suffisamment d'ouverture pour qu'elles puissent retrouver confiance et comprendre que cette démarche est chaleureuse et fraternelle, et non coercitive.

Deux techniques sont proposées : la « maraude » ou le « rendez-vous ». Elles dépendent du degré de désaffiliation auquel sont réduites les personnes exclues.

À l'instar du SMUR, dans chaque véhicule de l'équipe mobile on retrouve :

- un chauffeur-accueillant social spécialement formé à la « rencontre » ;
- un travailleur social, qui n'est pas forcément une assistante sociale, mais une personne spécialement formée au contact de la personne rencontrée. Elle rassure, évalue et accompagne ;
- une infirmière, avec 3 missions adaptées aux situations qu'elle peut affronter :

1 / en cas d'urgence vitale : elle évalue, entreprend le sauvetage, alerte sa base, balise le lieu et entreprend les premières manœuvres pour passer le relais au SAMU médical, qu'elle a déclenché ;

2 / en cas de problème de santé grave : elle évalue, donne des soins et dirige vers l'hôpital de secteur, où

elle fait admettre aux urgences, aidée du médecin d'astreinte au SAMU social, le cas qu'elle estime nécessiter une hospitalisation ;

3 / en cas de problème sanitaire plus léger : elle évalue et, à l'aide du médecin d'astreinte ou du médecin des urgences le plus proche, dirige vers les lits d'infirmerie.

Les problèmes médicaux ne représentent que 7 à 10 % des missions du SAMU social.

La maraude, à l'instar de la BAPSA, est réalisée par des véhicules roulant lentement de nuit dans les rues de Paris, avec des sauveteurs qui scrutent les endroits et territoires possibles de survie. C'est d'ailleurs à partir de ces expériences, de la BAPSA et des équipes de nuit, qu'il a été montré que les personnes exclues, privées de liens sociaux, recherchaient quand même un « territoire » habituel que l'on a différencié entre « territoire de survie » et « territoire économique ». La survie, comme son nom l'indique, représente un endroit familier abrité et intime. Le territoire économique est l'espace où l'on est secouru par les habitants du quartier, les commerçants, où l'on peut mendier ; il est revendiqué et défendu par les titulaires.

La maraude permet de « visiter » régulièrement ces personnes qui restent hors du regard de l'institution, soit de leur fait, soit que les dispositifs sanitaires sociaux, psychiatriques les rejettent. Tous les véhicules du SAMU social disposent d'une antenne GPS qui permet de visualiser en temps réel le parcours des véhicules, l'emplacement des territoires et des rues qui n'ont pas encore été parcourus.

Le SAMU social dispose ainsi d'une carte sans

cesse actualisée de ces territoires (bouches de chaleur, porches, entrées des églises, sorties des restaurants, etc.).

La seconde technique est celle du « rendez-vous ». Des particuliers, les urgences des hôpitaux, les commissariats téléphonent au 115 pour signaler des personnes qui leur semblent relever du SAMU social. Évidemment, le 115 est toujours saturé par ces appels gratuits, mais il faut noter qu'il existe des « pics » d'appels à 9 heures le matin, vers 13 heures et de 19 heures à 21 heures, nécessitant le concours des permanenciers ; il n'y a et il n'y aura jamais adéquation entre les besoins et les moyens, car la demande potentielle grandit rapidement et l'offre, représentée par l'hébergement d'urgence est obligé d'être formaté. Il y a environ 1 300 appels par jour, y compris les appels renouvelés, pour 600 réponses, et environ 200 hébergements concrétisés au final. Le 115 emploie chaque jour, par équipes de 12 heures, 10 permanenciers. Au total, chaque année, il traite 30 000 personnes différentes et nouvelles.

Mais, et c'est une dérive bien connue des hébergements d'urgence, il existe toute une frange d'exclus, pas totalement dans l'abandon, pas totalement dans l'exclusion, que l'on peut qualifier de marginaux ; ils perçoivent comme une aubaine ces dispositifs créés pour des êtres désaffiliés et les supplantent en une sorte de compétition. Ils demandent une intervention qu'on ne peut refuser.

Si l'on représente par 3 cercles concentriques 3 strates de l'exclusion, toutes à classer dans la grande pauvreté économique et sociale, on voit que le SAMU social occupe une place entre la très grande exclusion et la marginalité, les autres dispositifs contre l'exclusion se situant entre la marginalité et la précarité.

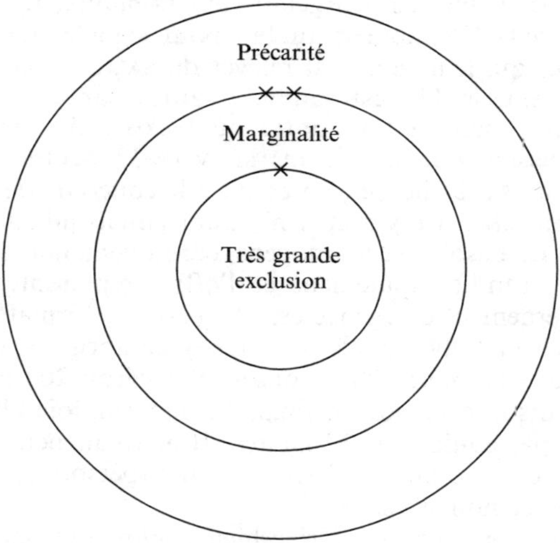

× Zones d'intervention du SAMU social.
×× Zones d'intervention des autres dispositifs de lutte contre l'exclusion.

Le SAMU social dispose de 700 places d'hébergement d'urgence sur les 3 200 gérées à Paris par les associations de l'urgence sociale. Toutes sont financées pour cette mission par la DDASS. Le monde de l'hébergement d'urgence est géré par les associations : Armée du salut, Emmaüs, Secours catholique, etc., et chaque association a sa conception particulière de l'urgence sociale. Pour tous, l'urgence représente un pis-aller, et il faut mettre en route, dès le premier contact, le processus de réinsertion. C'est dire qu'il est nécessaire de disposer de personnel qualifié (travailleurs sociaux, assistantes sociales) et des locaux adaptés qui permettent, au cours d'un cheminement plus ou moins long, de passer de la rue à l'insertion.

– *L'approche de la personne en exclusion :* en être réduit à errer dans les rues est le résultat d'un long processus de désaffiliation, et l'histoire de ces personnes est jalonnée d'échecs : échecs familiaux, scolaires, d'apprentissage, échec de la relation avec les psychologues, les assistantes sociales, le système institutionnel d'hébergement de réinsertion et les rencontres avec la médecine (souvent au cours d'un épisode aigu, d'un traumatisme, d'un accident). Leur vie est faite de stress, de violence et de rejets ; aussi, quand une équipe de secours s'approche d'elles pour leur porter assistance, c'est bien souvent un refus avec ou sans agression qu'elles manifestent. Elles ont parfois, dans le passé, été prises de force, pour être amenées dans cet endroit de contrainte qu'était le CHAPSA et, de toute façon, elles savent qu'elles ne sont pas les bienvenues. Elles savent aussi que la charité et la compassion à leur égard sont souvent épisodiques et sans lendemain, et elles n'en espèrent rien.

De plus, très souvent, les dispositifs d'hébergement sont contraignants (horaires ou interdiction de boire), et ces personnes risquent de voisiner avec des compagnons ivres, fous, voleurs, ou simplement les rejetant ; elles craignent ces lieux anonymes, le plus souvent sans surveillance et sans grand souci de l'hygiène.

Les solutions à moyen terme risquent d'être assorties du contrat « moral » de réinsertion, et elles préfèrent affronter la nuit, le froid, la solitude.

Souvent, parce qu'elles ont perdu, comme on l'a déjà décrit, la perception de leur propre corps, ces personnes n'évaluent pas la précarité de leur condition ; l'alcool participe à ce désintérêt pour eux-mêmes et au rejet des autres.

Pour aborder ces personnes en grande difficulté, il faut qu'elles puissent reconnaître et identifier les sauveteurs. (Dans toute situation d'abandon et de souffrance, il est nécessaire de pouvoir identifier les secours.) Le nom du SAMU social est inscrit sur les blousons. On demande classiquement de reconnaître le grade, la fonction et, si possible, l'identité dans toute équipe de secours agissant dans l'urgence. Dans le cas particulier, on se contente de la couleur (bleue) du blouson.

Pour approcher ces victimes, il est nécessaire de reconstruire le rituel d'approche, de se tenir à la distance d'un bras tendu, de se mettre en position de protection (2 personnes doivent apparaître dans le champ de vision de l'interlocuteur), de parler d'une seule voix (un seul prend la parole), et le contenu du discours doit être simple, dit sur un ton égal.

Il est nécessaire de ne pas pénétrer dans le « territoire » virtuel de la personne, et de garder toujours la « bonne » distance. Ces procédures d'approche, d'apaisement et de conviction doivent être respectées. Au besoin, pour emporter la décision de la personne, on propose un café, une couverture isolante, un duvet pour l'inciter à suivre l'équipe.

– *L'Observatoire de la pauvreté :* il existe, sur le plan national, un Observatoire national de la pauvreté et de l'exclusion sociale, créé par la loi du 29 juillet 1998. Il a pour mission de collecter, organiser et diffuser les informations disponibles concernant la pauvreté, la précarité et l'exclusion. Si la pauvreté est aisément mesurable par des indicateurs monétaires, par les difficultés budgétaires rencontrées par les ménages, leur condition de logement, les restrictions de consommation, la précarité, en revanche, est plus difficile à observer puisque ce sont les aléas rencontrés par les individus particuliers, les contrats de travail précaires, le chômage, le capital scolaire dont ils disposent qui influent sur leur situation et peuvent les faire basculer dans l'exclusion. Quant à l'exclusion, on l'évalue par les « spoliations », le non-respect des droits fondamentaux, en particulier des droits sociaux, droit à la santé l'absence de logement, de relations socio-affectives...

– *L'Observatoire de la grande exclusion du* SAMU *social de Paris :* Tous les personnels des équipes mobiles ont des feuilles de route, chaque nuit, métier par métier, qui leur permettent de tenir leur mission et de recueillir les paramètres qualitatifs et quantitatifs des centres avec lesquels ils vont travailler.

Tous les permanenciers téléphoniques du 115 ont sous les yeux des écrans avec lesquels ils sont en contact en temps réel, qui montrent les places disponibles de l'urgence au cours des 24 heures. Le paramétrage très précis des observations des personnes reconnues leur permet d'enregistrer des données, de les traiter, de les mémoriser, ce qui fait que l'on peut faire des états non seulement statistiques, mais qualitatifs, de toutes les personnes, chaque cycle, jour, nuit, semaine, etc.

Ces données sont traitées à l'Observatoire du SAMU social de Paris, ce qui permet d'avoir une connaissance très précise de cette population, de leurs pathologies, leurs possibilités d'hébergement et de soins.

B) *Les lits infirmiers.* – Pour compléter la panoplie des hébergements d'urgence, le SAMU social a créé les lits d'infirmerie, qui sont des lits d'hébergement d'urgence, avec soins médicaux et paramédicaux.

Si les personnes recueillies avaient disposé d'un domicile, elles auraient pu recevoir le médecin pour une visite et des infirmiers pour les soins. Elles pourraient être en convalescence ou garder la chambre. Mais elles ne disposent pas d'hébergement. Il a fallu créer ces « lits » d'hébergement, plus ou moins médicalisés, que l'on a appelés lits d'infirmerie, par analogie avec le concept de l'infirmerie au collège ou à la caserne, où l'on peut garder la chambre, profiter des soins, tout en restant dans son contexte d'activité journalière.

L'hôpital public, dont la fonction est uniquement sanitaire, ne peut répondre à cette mission d'hospice. Quant aux centres d'hébergement d'urgence, ni les rotations incessantes ni les personnels (absence de personnels médicaux) ne peuvent leur permettre de répondre à cette mission. Il a donc fallu créer ces séjours d'urgence pour les personnes trop mal en point pour rester dans le dispositif normal d'hébergement, pas assez « malades » cependant pour prétendre être hospitalisées. La CNAM ne s'y est pas trompée. Elle prend en charge les frais de ces séjours, en couvrant l'hébergement, le salaire des soignants, le petit matériel et les médicaments. Les lits sont au nombre de 170 à Paris.

Un combat idéologique a présidé à la naissance de ces lits d'infirmerie, qui montre l'actualité de la fracture sociale et les difficultés de disposer facilement d'outils de lutte contre la très grande exclusion.

Les associations traditionnelles et les personnalités intervenantes sur le terrain de l'exclusion ont cru percevoir, dans les lits infirmiers, la création d'une médecine à deux vitesses : l'une aurait relevé du droit commun, et l'autre aurait été réservée aux exclus à travers ces lits. Mais c'était confondre causes et effets. Dans la réalité, l'extrême exclusion entraîne deux comportements : celui des victimes sociales qui ne savent pas réclamer leur droit aux soins et leurs droits à la santé, parce que trop aliénées et trop isolées, indifférentes à leur état de santé physique et mental (l'institution sanitaire se révélant inopérante pour aller jusqu'à elles, les solliciter) ; l'autre, celui des « précaires » pour lesquels les dispositifs facilitateurs (dispensaires, consultation précarité, CMU) vont se révéler efficaces. On a pu ainsi accuser ces lits d'infirmerie de stigmatiser toute une catégorie de population qui n'avait certes pas besoin d'eux pour être stigmatisée. Il est vrai que les lits d'infirmerie ne voient passer que des personnes profondément atteintes, aux symptômes lourds, complexes, et qui sont en état de grande fragilité psychique, sociale et économique. Les associations concernées ont toujours combattu l'idée que ces lits d'infirmerie puissent être situés au sein de l'hôpital, pour ne pas entraîner la notion d'hospitalisation pour pauvres ; pourtant, dans ces lits d'infirmerie, on recense toute une pathologie implicite, plus ou moins lourde et des situations très complexes, mais qu'aucune institution d'hébergement ou de soins ne peut accueillir. En dehors de malnutrition chronique et de lésions plus ou moins liées à l'alcool, au stress et à la souffrance psychique, on peut rencontrer des cas de plâtre de jambe auxquels il faut injecter quotidiennement des anticoagulants, des chimiothérapies pour personnes sans abri (que ce soit pour des cancers en phase terminale ou pour des tuberculoses actives), des personnes alcooliques, tabagiques, en préparation d'intervention, des personnes sans domicile présentant de graves troubles psychiatriques en décompensation, convalescentes, des malades présentant un petit épisode de grippe ou de gastro-entérite. Ces personnes à la rue nécessitant, des pansements, des soins quotidiens ou d'attention pour des épisodes aigus douloureux, représentent autant de cas qui ne trouvent de solution dans aucune institution.

La loi contre les exclusions a ouvert une brèche dans cette incompréhension, en favorisant la création des lits de repos.

Les institutions sanitaires, par ailleurs, pour ce qui concerne les soins somatiques, répondent cependant plutôt bien (malgré souvent de longues heures d'attente aux urgences) aux besoins généraux de santé de la population, y compris de la population exclue, surtout depuis l'arrivée de la CMU qui assure la totale gratuité des soins. On estime que le nombre nécessaire et suffisant de lits d'infirmerie se situerait à Paris entre 300 et 350, ce qui ne remet pas en question le droit commun.

C) *Les centres d'hébergement et de réinsertion sociale (CHRS).* – Les centres d'hébergement et de réinsertion sociale sont l'un des éléments importants dans l'offre au logement des personnes défavorisées et des dispositifs sur lesquels s'appuient les politiques pour enclencher ou permettre une réinsertion. Ce dispositif existant depuis les années 1970 a dû s'adapter pour faire face aux enjeux et aux problématiques sociales différentes.

L'origine de la création des CHRS[1] est contenue dans le décret du 29 novembre 1953 qui prévoyait de nouvelles structures d'hébergement, à la fois pour des personnes sortant d'établissements hospitaliers, de cure ou de rééducation, et pour des personnes sortant de prison ou en danger de prostitution. En 1954, quatre catégories de centres sont distinguées : les centres de reclassement des anciennes prostituées, les centres pour anciens détenus, les centres pour vagabonds et les centres pour indigents sans emploi sortant d'établissements hospitaliers. Il faudra attendre la loi du 30 juin 1975 sur les institutions médico-sociales, pour que les CHRS soient reconnus en tant que centres de réinsertion sociale. À partir de 1976[2], les compétences des CHRS sont élargies : ils augmentent et diversifient leurs activités en fonction du public recueilli. Désormais, peuvent être admis dans ces centres « les personnes dont les ressources sont insuffisantes, qui éprouvent des difficultés pour reprendre ou mener une vie normale ». L'absence de logement n'est plus une rai-

1. *Guide des CHRS,* Éd. FNARS, en collaboration avec ASH Éd., 2000.
2. Décret du 15 juin 1976.

son exclusive pour entrer dans ces centres, la condition de ressources est aussi prise en compte. Par ailleurs, la notion de « réinsertion professionnelle » se substitue à l'obligation de travailler. Il s'ouvre alors aux CHRS plusieurs possibilités d'activités comme, par exemple, l'organisation de stages de formation professionnelle. Dans les années suivantes, le dispositif dérogatoire mis en place par la circulaire du 10 septembre 1979, ou communément appelée circulaire 44, modifie considérablement les missions du CHRS qui vont évoluer vers des missions d'insertion sociale et professionnelle. Cette circulaire va permettre de mettre en place des activités spécifiques au sein même des centres, mais qui peuvent être déconnectées de l'hébergement : les ateliers de réentraînement au travail et à l'effort pour des séjours de courte ou de moyenne durée (CAVA), les centres de vie pour les cas les plus lourds, et les services de placement extérieur permettant aux personnes de travailler en dehors du centre, mais sous contrôle.

À partir des années 1980, les CHRS sont confrontés à un contexte de chômage de masse et se trouvent être au centre d'une problématique sociale et culturelle forte. Comment réinsérer, c'est-à-dire faire évoluer vers le « haut », une quantité de personnes fragilisées qui rencontrent de nombreux éléments de blocage ?

« Notre fonction est double : réinsérer, réadapter ce qui peut l'être, gérer au moins mal ce qui ne peut pas l'être. Ce qui a changé, avec la crise, c'est que cette tâche est devenue un travail de titan, l'écart pour recoller au peloton ne cesse de s'accentuer, les moins forts décollent en plus grande nombre. La barre est placée de plus en plus haut pour être compétitif... Ce qui est devenu inquiétant, ce n'est pas le fait mais le nombre et nul ne peut dire où cela va s'arrêter. »[1]

Dans ces mêmes années de crise, où l'on assiste à la diversification de fait des missions des CHRS et à une augmentation des publics, on assiste également à une professionnalisation du secteur social où l'accompagnement socio-éducatif devient un véritable métier. Les équipes des CHRS deviennent pluridisciplinaires : animateurs diplômés, éducateurs spécialisés, psychologues, conseillers...

Dans les années 1990, l'opacité ainsi que l'hétérogénéité des CHRS sont remises en cause. On constate « une tendance au repli sur soi, un pouvoir de fait en matière d'admission et son corollaire, la sélection de la clientèle, et le refus paradoxal d'accueillir en urgence. Ainsi le système génère-t-il ses propres exclus »[2].

La loi relative à la lutte contre les exclusions du 29 juillet 1998 a comme objectif de redonner une cohérence à l'ensemble des dispositifs de lutte contre la pauvreté et l'exclusion, et, bien entendu, les CHRS font partie de ce mouvement de refonte. Ils s'inscrivent désormais dans une politique de coordination territoriale de lutte contre les exclusions et l'accent est mis sur la réinsertion. D'ailleurs, leur appellation est modifiée et ils deviennent des Centres d'hébergements et de réinsertion sociale.

Il faut rappeler que les CHRS créés dans les années 1970 avaient pour objet d'accueillir en urgence les personnes sans abri. Mais peu à peu, comme on l'a

1. G. Hardy, *La FNARS, 36 ans d'histoire,* FNARS, 1994.

2. Collectif, *Les Centres d'hébergement et de réadaptation sociale,* rapport de la Mission d'appui, Ministères du Budget et des Affaires sociales, 1994.

vu, ils se sont spécialisés, et s'ils rendent service à d'innombrables personnes en difficulté, ils savent qu'ils ne sont qu'un SAS et, pendant des années, ils se sont adressés aux pouvoirs publics en les interpellant uniquement sur les modalités de « sortie par le haut ». Avec l'urgence sociale, ils vont désormais pouvoir les interpeller sur les modalités de l' « entrée par le bas ».

D) *Les pensions de famille.* – Au-delà de l'urgence sociale prise en compte, notamment, par les dispositifs du SAMU social, commence à apparaître le concept de pensions de famille.

L'urgence sociale, comme il a été évoqué précédemment, permet d'entrer en contact et de mettre à l'abri les personnes à l'abandon dans les rues (clochards, jeunes en errance, immigrés clandestins, psychotiques sans domicile, toxicomanes) ; l' « après-urgence », quant à elle, pose un certain nombre de problèmes, limités par la réinsertion.

Les institutions sanitaires, psychiatriques et sociales ne peuvent imaginer et concevoir, pour les personnes extrêmement atteintes, des lieux de vie qui leur permettent de sortir de l'urgence tout en n'adhérant pas à un système de réinsertion « classique ». Les « pensions de famille » ont été ainsi créées pour sortir la population la plus fragilisée des systèmes d'urgence sociale[1] par une voie innovante.

Ces pensions ouvertes à des personnes caractérisées par un isolement social et affectif avec peu de ressour-

1. Circulaire interministérielle à l'initiative du secrétariat d'État à l'Action humanitaire d'urgence avec le ministère délégué au Logement et le ministère du Travail et des Affaires sociales du 21 avril 1997, et dont le cadre réglementaire est le décret du 23 décembre 1994 sur les résidences sociales.

ces sont des habitats communautaires de petite taille, de 30 logements au maximum, dont l'objectif est de recréer une ambiance conviviale, presque « familiale. Ce type de logement associe la jouissance de logements privatifs à la présence de lieux collectifs comme, par exemple, le partage des repas et des loisirs ». Une des nouveautés de ce logement, outre cet aspect de convivialité, est de ne pas instaurer une limitation de durée aux séjours des habitants de ces pensions. Au quotidien, la pension de famille est gérée par un hôte ou un couple d'hôtes (pas forcément des professionnels), chargés d'assurer le fonctionnement et l'animation, et d'entretenir la convivialité du lieu. Par ailleurs, la vie de la pension de famille se doit d'être intégrée au quartier, aux activités de proximité. Pour éviter la « ghettoïsation », il a été souhaité que cet habitat soit ouvert à des publics de génération et d'origine différentes. L'accent est mis sur l'importance des liens socio-affectifs plutôt que sur une réinsertion classique vers des objectifs d'emploi.

Un des autres points mis en avant lors de la création de ces pensions de famille est qu'elles apparaissent comme une alternative à des prises en charge lourdes et plus coûteuses telles que celles des CHRS et de l'hôpital.

En mars 2000, 18 projets de pensions de famille étaient en cours de réalisation ou de finalisation.

E) *Le logement social.* – Jusqu'aux « Trente Glorieuses », la société n'avait pas élaboré de vastes démarches spécifiques en faveur du « logement social ». Certes, les immeubles à loyer bas, les logements ouvriers, les habitats adaptés aux revenus des ménages modestes, etc., faisaient partie de la panoplie des aides classiques de l'insertion économique et sociale, mais la représentation sociétale du logement social n'est apparue dans les faits qu'à partir des années 1950, l'époque de la reconstruction.

En effet, à cette époque, l'accès au logement était devenu un problème majeur car, sur le plan quantitatif le parc se révélait notoirement insuffisant face à la nouvelle demande. Pendant des dizaines d'années, non seulement on n'avait que très peu construit mais la guerre avait entraîné aussi la démolition de centaines de milliers de logements. C'est à cette époque qu'a été développé le concept de « droit au logement ».

En effet, il a fallu répondre très rapidement aux immenses besoins des populations qui changeaient de comportements et qui se déplaçaient très rapidement vers les zones d'emplois et d'industrialisation, répondre également, au cours des années 1960, à l'arrivée massive des rapatriés d'Algérie, enfin améliorer le confort et répondre à l'aspiration au progrès social de toutes les populations en général (l'image du point d'eau dans le couloir des toilettes à l'extérieur de l'appartement est encore présente dans la représentation du logement modeste).

Chacun se souvient de l'appel de l'abbé Pierre, au cours de l'hiver 1954, en faveur des sans-logis, qui soulignait le manque quantitatif de solutions de logement pour les pauvres. La construction de logements va se développer considérablement jusqu'en 1975, avec 500 000 logements disponibles dont plus de 150 000 de logements sociaux HLM. Mais cet effet quantitatif va primer sur l'aspect qualitatif. Les logements ont été construits sous forme de grands ensembles à la périphérie des villes. Les immeubles sont mal isolés, difficilement accessibles (transports, services publics, espaces de vie), souvent loin des commerces et des lieux d'échanges, et surtout inesthétiques, défigurant définitivement l'espace urbain. C'est de ces grands ensembles que vont naître, en deux générations, les problèmes des « quartiers » (banlieues).

À partir des années 1970, la société française réalise que la crise de société et la crise économique ne sont pas conjoncturelles mais structurelles, et modifient définitivement toutes les manières de penser de la société.

Les industries de main-d'œuvre (métallurgie, mine, textile, sidérurgie) connaissent de grandes difficultés et de nombreuses entreprises ferment ; de même, la transformation des modalités de production de travail affecte un grand nombre d'emplois.

Cette période coïncide avec une réforme du financement des logements sociaux qui va paradoxalement accélérer le processus de concentration des personnes en difficulté dans les espaces les plus fragiles de la cité. En 1997, la réforme du financement du logement social va favoriser « l'aide à la personne » plutôt qu'une aide à la « pierre ». Cette réforme doit permettre le désengagement de l'État sans pénaliser les personnes dont les ressources sont trop modestes pour prétendre au logement. Ainsi est créée l'APL, l'Allocation personnalisée au logement.

Cette aide est, évidemment, inversement proportionnelle aux ressources des ménages et arrive à couvrir la quasi-totalité du loyer pour les personnes les plus exposées sur le plan économique. Mais, dans le même temps, les constructions neuves et également les réhabilitations avec les crédits PALULOS vont entraîner une augmentation significative des loyers HLM. Ce surenchérissement des loyers après travaux et l'accession sociale à la propriété vont vider certains immeubles et certains quartiers des populations aux ressources moyennes, et les aides au logement ne peuvent compenser ces augmentations de coût. Les ménages confrontés à ces augmentations, parfois considérables, vont chercher des nouvelles solutions de logement. Ils vont s'orienter vers le « parc privé », c'est-à-dire les logements hors du système HLM, vers les dispositifs favorisant l'accession à la propriété (PAP, les prêts d'accession à la propriété) qui sont la politique officielle des pouvoirs publics.

En conséquence, se retrouvent dans les HLM les plus accessibles les ménages les plus modestes qui sont solvabilisés par l'allocation personnalisée au logement, ce qui modifie le peuplement de ces immeubles.

Ce sont les publics les plus pauvres, compte tenu du fait que ce sont souvent les personnes les plus fragiles et les populations étrangères qui ne trouvent pas à se loger ailleurs (les nouveaux HLM ne sont pas construits pour accueillir les grandes familles). Le peuplement de ces logements sociaux va en quelque sorte « sélectionner » de fait une particularité sociale faite de pauvreté, de personnes étrangères, de familles avec de nombreux enfants. L'éloignement du centre-ville entraîne des phénomènes de relégation et crée des zones de difficultés (éloignement des services publics et des transports, par exemple) et réalise par « défaut » des zones urbaines sensibles, des quartiers en difficulté et par isolement des espaces de violence, de repli et d'attitude communautaire (notion de territoire). Cette évolution rend de plus en plus difficile la problématique des attributions et pose des problèmes aux élus, aux gestionnaires des HLM, aux habitants des quartiers et aux demandeurs de logements sociaux.

À partir de la fin des années 1980, les municipalités ont été de plus en plus interpellées par l'insertion et la cohabitation en ville. La concentration de populations défavorisées et la constitution progressive de quartiers « ghettos » imposent une démarche volontariste pour la recherche d'un équilibre dynamique et un souci de cohésion du projet social de la cité.

Un certain nombre de phénomènes sociaux font augmenter la demande de logement social et soulignent l'inadéquation entre les besoins et les moyens, entre la demande et l'offre. L'augmentation quantitative du nombre de ménages, la progression du nombre de couples vivant séparés, la précarité des ressources de certains ménages, la suppression progressive et spectaculaire du « parc privé » – autrement dit, des solutions dans de vieux immeubles ou des hôtels –, la progression du montant des loyers de certains secteurs tendus contribuent à augmenter la demande de logements sociaux.

Quatre grandes catégories des personnes exclues de fait de l'accès au logement social sont généralement identifiées :

- les populations les plus démunies titulaires ou non d'aides sociales (RMI, API, salaires inférieurs au niveau du SMIC) ;
- les populations d'origine étrangère ou française de couleur, en particulier dans la région parisienne ;
- les salaires précaires (CDD intérim, stagiaires, emplois aidés).

Trois grands acteurs interviennent dans la gestion des logements sociaux : l'État, les collectivités territoriales et les sociétés HLM. Ces acteurs sont directement concernés par l'attribution de logements sociaux. Les collectivités territoriales, en particulier la commune, manifestent souvent une attitude protectionniste vis-à-vis du changement de population. Et si, pendant des décennies, les maires ont essayé d'attirer des électeurs par volonté de s'assurer un capital électoral fabriquant en quelque sorte des bastions entiers de « fidèles », désormais, avec le changement démographique et la nouvelle sociologie, ces élus protègent leur « clientèle » électorale en se défendant d'accueillir des familles trop nombreuses, trop précaires, trop différentes ethniquement ou sur le plan comportemental.

Les sociétés HLM manifestent souvent une logique gestionnaire, donc sélective, qui induit, si l'on n'y prend garde, une exclusion économique.

Le concept de logement social qui vise à loger les ménages à salaires modestes n'a pas été remis en question ; malgré un contexte urbain différent, les trois acteurs de ce champ n'ont pas clairement défini les objectifs, et les moyens de cette politique sont mal régulés.

Une réflexion politique est donc nécessaire pour maîtriser le phénomène mais elle est rendue difficile par les contradictions qu'elle contient et par les niveaux de décision qu'elle implique.

Le rapport Érignac – du nom du préfet qui a présidé ce groupe de travail – a porté sa réflexion sur le transfert de pouvoir d'attribution et a soulevé la question de la préférence communale :

– le projet de loi sur la cohésion sociale sollicitant l'avis du Haut comité pour le logement des personnes défavorisées soulignait la difficulté d'établir son objectif de mixité et d'équilibre de peuplement ;

– la loi contre les exclusions du 29 juillet 1998, la loi relative à la solidarité et au renouvellement urbain, dite loi SRU[1], tentent d'apporter des réponses nouvelles dans le domaine du logement social, tant par l'obligation d'en construire faite aux maires (20 % de logements sociaux sur la totalité des logements) que par un accord sur les attributions de fonction des hausses d'habitat, des constances intercommunales et par un ensemble d'autres mesures qui font émerger une vision plus politique, plus volontariste du problème et de ses solutions.

3. **Le mythe de la réinsertion.** – L'objectif implicite des politiques publiques consiste en quelque sorte à « remettre aux normes », c'est-à-dire réinsérer. Partant du principe que chacun sait en quoi consiste l'insertion.

Dans le processus de réinsertion, chacun est tenu de s'inscrire ou d'être inscrit dans une dynamique d'acquisition des outils de l'insertion : formation, alphabétisation, assistance, accès au logement, à la santé, aux droits, au libre arbitre et au libre exercice de la citoyenneté ; c'est même là l'objectif de la plupart des minima sociaux et celui, affiché, de la loi d'orientation de lutte contre les exclusions. L'insertion est un thème récurrent et structurant du travail sanitaire et social. Et à peu près tous les dispositifs d'assistance, y compris les minima sociaux, ont été créés dans ce but. Cependant, la réinsertion est un concept trop ambitieux et trop flou, et il finit par mas-

1 . Loi du 13 décembre 2000.

quer des situations sociales, psychosanitaires, qui échappent aux définitions : immigrants en situation irrégulière, demandeurs d'asiles, jeunes festivaliers, jeunes en errance, gens du voyage, toxicomanes et personnes âgées. La réinsertion est un principe, une dynamique, un objectif difficile à maîtriser et à atteindre, mais c'est en quelque sorte toute la philosophie de la lutte contre l'exclusion, car, d'une certaine façon, se pose le problème de la démocratie et la nécessité de l'intervention d'un tiers pour mener les personnes les plus fragiles vers un processus de citoyenneté.

L'exemple du RMI. – À cet égard, l'exemple de la loi du 1er décembre 1988 du Revenu minimum d'insertion est significatif.

Par l'instauration d'un Revenu minimum d'insertion, la législation sociale française introduisait pour la première fois une prestation quasi universelle, puisque, jusqu'à cette loi, les minima sociaux n'étaient destinés qu'à des catégories de population : les personnes âgés, les adultes handicapés, les personnes isolés. La prestation était la même sur l'ensemble du territoire français (France et Dom), et pour toutes les catégories socioprofessionnelles. En effet, les non-salariés ainsi que les exploitants agricoles ont droit au RMI.

Deux exceptions sont apportées au texte. Tout d'abord, la condition d'âge : pour avoir droit au RMI, il faut être au moins âgé de 25 ans. Ensuite, ce droit a été lié à un contrat d'insertion qui engage à la fois la personne bénéficiaire mais aussi la société qui a désormais un devoir d'insertion sociale à l'égard du bénéficiaire. « L'insertion sociale et professionnelle des personnes en difficulté constitue un impératif national » (titre 1er de la loi, art. 1er). Dans cette loi, l'insertion est définie d'une manière large et ne fait pas uniquement référence à l'accès à un stage de formation ou à un travail. Il est aussi précisé que « l'insertion proposée aux bénéficiaires du revenu minimum d'insertion et définie avec eux peut notamment prendre la forme [...] d'actions destinées à aider les bénéficiaires à retrouver ou développer leur autonomie sociale » (art. 37). Ce terme « d'autonomie sociale » peut désigner les traitements médicaux, les cures de désintoxication, l'accompagnement social, par exemple.

Le grande nouveauté est que le RMI lie donc une prestation à l'insertion. Il sous-entend aussi la notion de parcours d'insertion avec différents paliers : acquérir l' « autonomie sociale », se remettre à niveau par l'intermédiaire de stages, avec comme objectif final une insertion professionnelle. Même si le dispositif est souple, son objectif reste toujours l'emploi.

Fin 1999, environ 1 million de personnes étaient allocataires du RMI ; le plafond de ressources étant de 2 552 F pour une personne isolée, de 3 829 F pour une personne isolée avec un enfant, de 4 594 F pour une personne isolée avec deux enfants.

Parallèlement à ce dispositif, il existe depuis 1984 (et modifiée en 1992) l'allocation d'insertion qui s'adresse à des publics spécifiques : les anciens détenus, les apatrides, les demandeurs d'asile, les rapatriés. Cette allocation concernait en 1999 environ 25 000 personnes, et le montant de cette allocation s'élève à 1 801 F (avec un plafond de ressources fixé à 5 330 F).

Les minima sociaux

Outre le RMI, il existe 6 minima sociaux qui s'adressent aux personnes précaires ou exclues :

- le minimum vieillesse, qui s'adresse au personnes âgées sans ressources ;
- le minimum invalidité, qui s'adresse aux personnes âgées sans ressources ;
- l'Allocation adulte handicapés (AAH) qui s'adresse aux personnes adultes de plus de 20 ans ;
- l'Allocation parent isolé (API) qui s'adresse à un parent isolé assurant seul au moins un enfant ;
- l'assurance veuvage s'adressant au conjoint âgé de moins de 55 ans et assurant seul la garde d'au moins un enfant ;
- l'Allocation de solidarité spécifique (ASS) s'adressant à un chômeur ayant épuisé l'indemnisation d'un régime d'assurance et justifiant d'une ancienneté d'au moins cinq ans.

Par ailleurs, certains objectifs de réinsertion ont été théorisés comme par la « théorie des besoins de l'homme » d'Abraham Maslow (1970)[1], dite « pyramide de Maslow », qui résume les phases d'acquisition nécessaires pour être intégré dans un groupe social cohérent. Il définit ainsi une hiérarchie des besoins où la satisfaction des besoins physiologiques se trouve au

1. Abraham Maslow, psychologue américain (1916-1972).

bas de l'échelle et où les besoins spirituels se situent au sommet de la hiérarchie. Pour résumer, les différents échelons sont les suivants :

- le premier échelon concerne les besoins de maintien de la vie : faim, soif, survie, sexualité, repos, douleur ;
- dans un deuxième temps, il est nécessaire de satisfaire les besoins d'amour et d'appartenance : être aimé, écouté, compris, recevoir l'estime des autres, faire partie d'un groupe, avoir un statut ;
- puis, à un troisième échelon, les besoins d'estime de soi : sentiment d'être utile et d'avoir de la valeur, conserver son autonomie, son identité ;
- et enfin, au sommet de la pyramide, les besoins de réalisation de soi : développer ses connaissances, ses valeurs, résoudre des problèmes complexes, c'est-à-dire être capable d'abstraction et de spiritualité.

L'échec du dispositif de l'insertion du RMI notamment montre que, au-delà de la réinsertion et des moyens qui lui sont alloués, il faudrait restaurer ou donner la possibilité d'acquisition de la capacité d'abstraction pour rétablir des contacts d'universalité.

4. **Lutter contre l'exclusion est une démarche qui sert à résoudre la fracture sociale, mais avant de préconiser des mesures matérielles et concrètes il faut avoir en perspective un objectif humaniste.** – En effet, la réduction de la fracture sociale demande d'adhérer à une certaine conception de l'humanisme.

La réponse passe notamment par la restauration de l'altérité. La question se pose par rapport à « l'autre universel », la reconnaissance d'autrui.

Il est difficile d'enseigner ce principe et de le mettre en place, d'autant plus quand les situations économiques et sociales réduisent les personnes au repli et à la survie, à la négation de soi.

Il est également difficile de se repérer dans une société où les croyances collectives ne sont plus fédératrices. Dans les années 1946 à 1981, « les idéologies concurrentes définissaient un groupe, une subsociété fortement intégratrice pour les individus, et comme telle agent de cohésion plutôt que de destruction sociale ».

On peut dire que la fracture sociale passe entre la représentation universelle et individualiste.

Pour les personnes « désaffiliées », cette absence de représentation signifie une vraie souffrance et une authentique revendication.

Il ne suffit donc pas de renforcer l'assistance et le nombre des travailleurs sociaux ou d'assistantes sociales, mais de redonner, à l'ensemble de la société, un dessein d'humanité et plus seulement de progrès technique ou social.

En fait, avec le « dogme de la réinsertion », la société se trouve mise en demeure de fournir une réparation qui n'est pas quantifiable. Face à l'affront fait à l'être par la vie, les spoliations, les échecs, on comprend que toute « réparation » économique se situe bien en deçà de ce que la personne exclue et bafouée, devenue victime, est en droit d'attendre ; la petite pension, l'allocation ou le RMI, s'ils permettent de survivre, ne seront jamais à la hauteur de l'effondrement de la dignité et du statut « humain » qui a été infligé à l'exclu. La réparation entraîne alors, et dans ce contexte, un conflit entre l'être et l'avoir, et ne pourra jamais fournir la part immatérielle du statut d'homme social que partagent implicitement les « inclus » dans la cité.

II. – Les nécessaires changements de paradigme

1. **Une des raisons d'une nécessité de changement de paradigme : la perception de l'assistance.** – La fracture sociale, qui entraîne une souffrance psychique plus ou moins profonde ressentie à l'échelon individuel aussi bien que collectif, pose en permanence aux autorités de tutelle la nécessité de « réparer » en portant secours. Cela a comme conséquence de mettre plus ou moins les individus et les groupes en position de victimes, demandant en permanence réparation d'un préjudice ressenti.

Ce préjudice ne sera jamais, pour la victime de rejet, d'échec ou d'exclusion, réparé à la mesure de ce que les victimes en attendent ; toutes les lois, tous les décrets, toutes les pensions, toutes les réparations ne peuvent être inscrites que dans la logique de victimes/préjudice, mais le tort ressenti n'est pas réparable par des compensations matérielles, dans la mesure où il est ressenti comme un affront fait au sujet.

Tout notre système complexe public ou privé d'assistance repose sur la dynamique de la « prévention-réparation-réinsertion ». C'est le concept même du mécanisme assurantiel qui prévoit la provision de fonds et l'éducation pour la prévention, en vue d'éviter ou d'atténuer les effets d'une crise ou d'une catastrophe individuelle ou collective par une redistribution des moyens – humains techniques ou numéraires – en vue d'une réparation compensatrice.

Tout se passe comme si notre société avait une obscure perception de son « homéostasie » garantie par des normes structurelles et de comportement individuel qu'il s'agit de préserver, de renforcer et d'étendre.

Les aléas des destinées individuelles et les crises environnementales sont alors perçus comme des accidents que l'on peut, mais surtout que l'on doit (en dernière instance, les pouvoirs publics) réparer. Comme si les pouvoirs publics (État, collectivités locales, institutions, personnalités tutélaires, gouvernement...) étaient en permanence sommés, implicitement ou explicitement, d'intervenir pour réparer.

C'est ainsi que sont désormais perçus les maladies, le chômage, la misère et les malheurs du quotidien, mais également les tempêtes, les inondations, les accidents collectifs, les aléas climatiques, les fléaux de l'environnement, etc.

Le pouvoir politique se trouve ainsi potentiellement interpellé en permanence par une opinion travaillée « à chaud » par les médias, et particulièrement les médias télévisés, et sommé d'apporter des solutions compensatrices.

En cela, nos opinions publiques sont profondément différentes des opinions d'il y a seulement cinquante ans, dans la mesure où elles ont la certitude qu'une « puissance » identifiable et maternelle doit pouvoir intervenir pour aider et assister les personnes victimes des maux et maladies au cours de leur vie.

Il est à noter que ces opinions « laïcisées », profondément formées par tous les moyens d'information de notre époque, cherchent à identifier le ou les responsables physiques et matériels de leurs malheurs. En ce sens, le concept même de fatalité a été bouleversé dans notre civilisation.

La médecine de crise et de catastrophe enseigne que les populations traumatisées par un épisode de désastre collectif ont des comportements stéréotypés. Elles se trouvent dans un état particulier où elles se ressentent comme des « victimes » et, pour s'organiser, elles se regroupent autour de sauveteurs identifiés qui entreprennent les travaux de dégagement ou de sauvetage ; mais cela peut aussi prendre la forme de leaders naturels apparus spontanément à l'occasion. La tension qui anime ces sociétés blessées peut être telle que des phénomènes comme la panique ou, au contraire, la profonde apathie peuvent survenir, et, très souvent, des liens irrationnels se forment pour désigner des « coupables », la plupart du temps, bien entendu, « étrangers » à la scène. Ce phénomène est reconnu comme étant « la désignation du bouc émissaire ».

Le triptyque victime-réparation-désignation du coupable ne se retrouve pas seulement en cas de crise aiguë. Il peut à notre sens se retrouver chaque fois que se rencontre une situation de souffrance individuelle ou collective, et, dans notre société, il apparaît particulièrement dans ce moment culturel que nous appelons la « crise molle », par opposition à la crise aiguë.

2. **Victimisation et protection juridique des victimes.** – La victime, qui s'inscrit dans une dimension sociale et politique donnée, peut se définir comme étant « un individu qui reconnaît avoir été atteint dans son intégrité personnelle par un agent causal externe ayant entraîné un dommage évident, identifié

comme tel par la majorité du corps social »[1]. La victime est donc une notion relative : elle dépend d'un temps, d'un lieu, d'une culture. Par ailleurs, s'il y a « victime », il y a « préjudice ». Trois types de préjudice sont alors identifiés : le préjudice psychocorporel, avec des conséquences psychologiques pour la victime, le préjudice économique ; enfin, le préjudice moral, qui affecte un individu ayant subi une perte irréparable. La reconnaissance d'un préjudice s'accompagne d'une « réparation », c'est-à-dire d'une reconnaissance du dommage de la victime. La reconnaissance peut être multiple. Elle peut être à la fois sociale et politique ; sur ce dernier point, la reconnaissance passe alors par la loi. C'est la tendance actuelle de la société qui consiste à légiférer et à reconnaître ainsi de nombreux préjudices – en résumé, à « victimiser » des personnes ou des groupes de personnes de la société.

Un arsenal juridique a été créé pour répondre à une multitude de situations. On peut citer certains droits, de nature différente.

Il existe le droit des victimes des accidents de la circulation[2], le droit des victimes des agressions sexuelles[3], le droit des enfants[4], le droit des victimes d'accidents médicaux[5], etc.

1. *In* G. Lopez, S. Bornstein, *Victimologie clinique,* Maloine, 1995.

2. Loi du 5 juillet 1985 et décret du 6 janvier 1986 dite loi Badinter.

3. Nouveau Code pénal : art. 222, al. 23 et 24, pour le viol ; art. 226-33 pour le harcèlement sexuel.

4. Cf. notamment la Convention relative aux droits des enfants des Nations Unies du 20 novembre 1989.

5. Droits jurisprudentiels comme, par exemple, l'arrêt Mercier de 1936 : les médecins ont l'obligation contractuellement de déli-

D'autres droits de nature constitutionnelle se sont aussi affirmés ou réaffirmés. Majoritairement, ils s'appuient sur la définition des droits économiques et sociaux affirmés dans le Préambule de la Constitution de 1946. Ces droits sont le droit d'obtenir un emploi, le droit de grève, le droit d'obtenir de la collectivité des moyens convenables d'existence, etc.

De nouvelles lois font référence à ces droits. À titre d'exemple, on peut citer la loi du 31 mai 1990 visant la mise en œuvre du droit au logement. L'article 1er de cette loi précise d'ailleurs que « garantir le droit au logement constitue un devoir de solidarité pour l'ensemble de la nation. Toute personne ou famille éprouvant des difficultés particulières, en raison notamment de l'inadaptation de ses ressources ou de ses conditions d'existence, a droit à une aide de la collectivité, dans les conditions fixées par la présente loi, pour accéder à un logement décent et indépendant ou s'y maintenir ».

Parallèlement, et pour initier ou soutenir cette tendance à légiférer sur les droits des victimes, le monde associatif s'est emparé de ce mouvement. On peut citer l'association DAL, ou Droit au logement, qui organise des opérations médiatiques autour du problème de l'accès au logement des personnes fragilisées, « L'association pour le droit à mourir dans la dignité » (créée en 1987), qui défend le droit de mourir pour les malades à la dernière extrémité, et l'obtention d'une mort volontaire, médicalisée et douce. La liste des associations mettant en avant des droits « légitimes » serait longue à établir, mais ces deux exemples

vrer aux patients « des soins consciencieux, attentifs et conformes aux données acquises de la science au moment des faits » ; l'arrêt Gomez du 15 janvier 1991 sur une indemnisation sans faute.

sont significatifs à la fois dans l'action menée et aussi par le thème défendu.

Cette victimisation de la société conduit à segmenter les groupes et accentue la sensation de société « éclatée » qui somme la collectivité de réparer sa souffrance.

3. **La souffrance sociétale.** – La société française qui s'est édifiée après la second guerre mondiale a perdu bien de ses particularismes de société rurale. Elle fait désormais partie intégrante, dans ses mœurs et ses comportements, de ce que l'on entend habituellement par la « société occidentale » et qui est en passe de devenir, en imposant ses codes et ses canons, une société mondiale.

Celle-ci est la première civilisation qui a gommé les mythes, rites et référents traditionnels pour s'en affranchir, mais c'est également la première culture qui a déritualisé la mort. Il en résulte, pour tout un chacun, un manque existentiel et un vide qui ne peut être comblé.

La société de consommation qui en est le produit a eu besoin, pour sa dynamique, d'écarter toute référence à des valeurs transcendantes et abstraites, car elle a pour objectif de livrer à l'individu, cible ultime de la production de biens et de services, des objets réels ou virtuels qu'il doit consommer, métaboliser, puis, une fois qu'ils sont réduits à l'état de déchet, jeter. Et ces objets n'ont pas d'autre valeur que marchande.

La santé des économies occidentales se mesure désormais en indice de consommation, et le produit du travail n'est utilisé que dans l'objectif d'acheter pour consommer. Consommer des biens, des denrées, des voitures, des vêtements, de la médecine, de l'eau... Pour stimuler cette consommation, qui est évidemment un comportement acquis, notre société fait appel à des techniques qui encouragent ou fabriquent le désir de posséder, pour les consommer, des produits artificiels de quelque nature que ce soit.

Ces techniques s'adressent aux forces de la libido et au désir érotique, comme en témoignent les affiches, les films et la publicité en général. Elles montrent ou évoquent comme des leurres des objets sexuels, mais ceux-ci masquent l'objet à acheter et à consommer.

Toute notre civilisation, depuis soixante ans, est littéralement fouillée par ces forces de désir libidinal. C'est l'essence même des stimuli qui poussent à la consommation, et toute société marchande contemporaine fonctionne sur l'érotisation des objets à acheter.

Les publicitaires travaillent sur ces forces profondes du désir qui joint au sentiment de vide existentiel une frustration d' « avoir » permanente et jamais assouvie, car évidemment le désir de chacun réside dans la dimension de « l'être », et la trace qu'il peut laisser dans le parcours d'une vie pleine de sens.

La société actuelle, devenue anomique, génère une violence à la hauteur des stimulations qu'elle reçoit, celle de vouloir désirer et posséder tout, tout de suite.

CONCLUSION

Notre pays ressent indéniablement, et plus que d'autres, cette souffrance sociétale qui se traduit par des crises successives dans le monde social, ce dernier hésitant dans le choix de ses modèles et de ses représentations. Le passage d'une économie plus ou moins dirigée, avec ses territoires protégés, à une économie plus libérale au long de ces vingt dernières années, même s'il fut lent, a représenté un choc culturel qui a accompagné l'affaiblissement en cours de l'autorité tutélaire de l'État. Cette évolution a été obscurément ressentie comme une spoliation, même si l'on en constatait les avantages. Et l'on a assisté ainsi à une attitude de repli défensif de l'autorité de gestion (de la fonction publique, par exemple).

Il est vrai que la nation s'était construite au cours des siècles dans des soubresauts, par séquences marquées par des révolutions, des guerres et des changements de régime, porteurs d'espérances mais également de souffrances. La mémoire collective des peuples a fini par enregistrer dans ses structures les plus profondes l'importance de l'idéologie de l'État, la nation, la patrie portée par ses fonctionnaires dévoués qui se voulaient défricheurs, civilisateurs, et de toute façon en mission (les « grands » commis de l'État, les « Hussards noirs » de la République, la défense et le dévouement au service public...), le changement de configuration de l'État centralisateur, l'évolution vers plus de souplesse de ses structures publiques, expertes, efficaces, mais habitées jusqu'alors par un sentiment de toute-puissance. L'ouverture de l'économie aux capitalismes fluides et mondiaux, l'apport de pensées nouvelles, tous ces mouvements ont érodé le sentiment de sécurité et de stabilité et généré des affrontements.

Malgré cela, dans toutes les couches de la société, l'État fort et tout-puissant est perçu comme une puissance tutélaire, à travers ses administrations, ses institutions, ses systèmes de protection et ses politiques. La fracture sociale témoigne de ces contradictions.

Chacun sait en effet que la société devient plus fluide et que les initiatives ont besoin d'être plus libres, moins cadrées, mais moins garanties également, et tout se passe comme si la puissance fantasmée de l'État devait réguler et garantir encore, et de façon illimitée, toute action, toute carrière et toute entreprise.

Il en résulte une sourde et permanente revendication, avec l'État idéal héritier de la nation rêvée, et l'évolution d'une société dynamique, certes plus fragile, ne se fait qu'au prix d'affrontements plus ou moins explicites, plus ou moins politiques, plus ou moins violents.

Le sentiment alors d'être « victime » est de plus en plus répandu et de plus en plus revendiqué. Toutes les démarches et les procédures égalitaires ne s'appliquent pas correctement à l'individu ou au groupe concerné, et, au nom de la justice égalitariste de l'État, il faut obtenir réparation.

Comme la souffrance sociétale sur laquelle repose la fracture sociale a laissé la place à une absence d'identité consensuelle, à une absence de projet humaniste, la revendication se fait souvent sur le mode de la lutte plus que sur la négociation, et il en résulte un sentiment de violence diffuse qui peut déboucher sur l'insécurité.

C'est un enchaînement relativement récent qui s'articule ainsi : vide existentiel travaillé par des forces du désir, repli identitaire, violence dans les relations interhumaines et entre groupes, insécurité.

La « fracture sociale » débouche sur un sentiment d'insécurité supposé ou réel, et peut générer cadrage et coercition comme l'ont montré les sociétés du XIXe siècle. Il est à prévoir que bien des programmes politiques, à l'avenir, choisiront l'insécurité comme thème électoral.

BIBLIOGRAPHIE

OUVRAGES GÉNÉRAUX

Castel Robert, *Les métamorphoses de la question sociale. Une chronique du salariat,* Fayard, 1995.

Damon Julien, *Des hommes en trop. Essai sur le vagabondage et la mendicité,* Éditions de l'Aube, 1995.

Emmanuelli Xavier, *Dernier avis avant la fin du monde,* Albin Michel, 1994.

Emmanuelli Xavier, Emmanuelli Julien, *Au secours de la vie, la médecine d'urgence,* Gallimard, « Découvertes », 1996.

De Foucauld Jean-Baptiste, Piveteau Denis, *Une société en quête de sens,* Odile Jacob, 1995.

Hall Edward, *La dimension cachée,* Le Seuil, coll. « Points/Essais », 1971.

Lenoir René, *Les exclus, un Français sur dix,* Le Seuil, 1974.

Paugam Serge, *La disqualification sociale. Essai sur la nouvelle pauvreté,* PUF, 1991 ; rééd., 2000.

Paugam Serge (sous la direction de), *L'exclusion, l'état des savoirs,* La Découverte, 1996.

Rosanvallon Pierre, *La crise de l'État-providence,* Le Seuil, coll. « Points », 1981 ; rééd., 1992.

Rosanvallon Pierre, *La nouvelle question sociale,* Le Seuil, 1995.

Vexliard Alexandre, *Le clochard,* Desclée de Brouwer, 1957 ; rééd., 1998.

ARTICLES

Touraine Alain, Inégalités de la société industrielle. Exclusion du marché, in *Justice sociale et inégalité,* Esprit, 1992.

Touraine Alain, Face à l'exclusion, *in* collectif *Citoyenneté et urbanité,* Esprit, 1991.

Todd Emmanuel, Aux origines du malaise politique français. Les classes sociales et leur représentation, revue *Le Débat,* 1995.

TABLE DES MATIÈRES

Introduction – **La fracture sociale, un terme politique** 5

Chapitre I – **L'exclusion et les difficultés de décodage** 9

I. La difficulté de nommer, 9 : 1. L'exclusion, 11 ; 2. Le Quart Monde, 15 ; 3. La grande pauvreté, 16 ; 4. La marginalité, 18 ; 5. Les zones de « fracture sociale », 18 – II. La persistance de schémas de compréhension hérités des « Trente Glorieuses », 21 : 1. La mise en place des systèmes de cohérence sociale mais aussi de contrôle, 21 ; 2. Le morcellement (ou l'éclatement) de la famille, 31 ; 3. Le morcellement géographique, 35 ; 4. La modification des modes de vie : une société en rupture ?, 36 – III. La nouvelle donne économique et sociale, génératrice d'une prise de conscience des médias et du public, 38 : 1. L'apparition du chômage de masse, 39 ; 2. La crise de la protection sociale, 42 ; 3. La crise de l'État et la particularité française, 44 ; 4. L'immigration de masse, 45.

Chapitre II – **La fracture sociale comme perte de référents d'appartenance** 49

I. Modification des échelles d'appartenance, 49 : 1. La notion de territoire et, plus généralement, celle de citoyen, 49 ; 2. Modifications des images tutélaires, 53 – II. La société du désir et du vide, révélateur de la fracture sociale, 56 : 1. La souffrance psychique, 56 ; 2. La toxicomanie, 57 ; 3. La violence et l'insécurité, 61 – III. Les spoliations de la société actuelle, génératrices de la « fracture sociale », 62 : 1. La santé comme spoliation, 62 ; 2. Une autre spoliation de notre société : la représentation du vieillissement, 67 – IV. L'exclusion comme conséquence de la fracture sociale, 69 : 1. La perte de représentation du corps, 69 ; 2. La perte des repères du temps, 73 ; 3. L'absence de maîtrise de l'espace, 74 ; 4. Les phases de désocialisation ou le processus de désaffiliation, 76 ; 5. La perte du capital social, de la représentation sociétale, 77.

Chapitre III – **La lutte contre la fracture sociale** 79

I. Les processus de réparation, 79 : 1. Rappel historique : la coercition comme lutte contre l'exclusion, 79 ; 2. Les dispositifs mis en place comme processus de réparation, 82 ; 3. Le mythe de la réinsertion, 105 ; 4. Un objectif humaniste, 109 – II. Les nécessaires changements de paradigme, 111 : 1. La perception de l'assistance, 111 ; 2. Victimisation et protection juridique des victimes, 113 ; 3. La souffrance sociétale, 116.

Conclusion 119

Bibliographie 123

Imprimé en France
par Vendôme Impressions
Groupe Landais
73, avenue Ronsard, 41100 Vendôme
Janvier 2004 – N° 50 912